Seitfudem
Prinz
Goldberg
Raps

Professionell schreiben

Professionell schreiben

Praktische Tipps für alle,
die Texte verfassen:
Rechtschreibung, Stilmittel, Layout,
Arbeitstechniken und vieles mehr

Dr. Gerhard Seitfudem
Franz Prinz
Alexander Goldberg
Peter Raps

2. überarbeitete und erweiterte Auflage, 1999

Publicis MCD Verlag

Die Deutsche Bibliothek – CIP-Einheitsaufnahme

Professionell schreiben : praktische Tipps für alle, die Texte verfassen:
Rechtschreibung, Stilmittel, Layout, Arbeitstechniken und vieles
mehr/ Gerhard Seitfudem ...
[Hrsg.: Siemens-Aktiengesellschaft, Berlin und München]. –
2., überarb. und erw. Aufl. – Erlangen ; München : Publicis-MCD-Verl., 1999
1. Aufl. u.d.T.: Goldberg, Alexander: Professionell schreiben
ISBN 3-89578-139-8

© Copyright der Wörterliste der geänderten Schreibungen von Klaus Heller
(Seiten 19 bis 61): Ernst Klett Verlag GmbH, Stuttgart 1996

ISBN 3-89578-139-8

2. Auflage 1999

Herausgeber: Siemens Aktiengesellschaft, Berlin und München
Verlag: Publicis MCD Verlag, Erlangen und München
© 1997 by Publicis MCD Werbeagentur GmbH, München

Printed in Germany

Vorwort zur 2. Auflage

Gute Texte sind die Visitenkarte jedes Unternehmens. „Professionell schreiben" gibt Ihnen eine Menge Tipps, die Sie nutzen können, wenn Sie Texte verfassen, egal ob Fachartikel, Dokumentationen, Angebote, Präsentationen oder Vertriebsunterlagen.

Fortschrittlichkeit dokumentiert sich nicht zuletzt auch durch die Sprache und die Schreibweise von Begriffen. Wer auf der Höhe der Zeit sein will, sollte sich daher der neuen Regeln bedienen. Dieses Buch enthält eine Zusammenfassung der wichtigsten neuen Regeln und ein alphabetisches Verzeichnis so gut wie aller Wörter des zentralen Wortschatzes, die anders geschrieben werden als früher („Wörterliste der geänderten Schreibungen").

Der zweite wichtige Komplex des Buchs sind die allgemeinen Tipps für alle, die bei ihrer täglichen Arbeit Texte verfassen oder bearbeiten: MitarbeiterInnen in der technischen Dokumentation, VerfasserInnen von Fachbüchern, Fachaufsätzen, Angeboten, Rundschreiben, Sekretariatsmitarbeiterinnen und natürlich auch diejenigen, die an ihrem PC Konzepte, Pressemitteilungen, Vorträge usw. entwickeln.

Das Buch enthält ein Kapitel mit den wichtigsten Korrekturzeichen, eine übersichtliche Liste von Word-Shortcuts, die Beschreibung der Abläufe bei der Buch- und Zeitschriftenherstellung, ein Kapitel über Seitengestaltung und Typographie, Informationen zur Textstrukturierung, zu richtigen Schreibweisen, zum Stil und zur Bild- und Tabellengestaltung, ein Kapitel über das Urheberrecht und eine Zusammenstellung nützlicher Arbeitstechniken.

Natürlich kann eine Veröffentlichung dieser Art nicht alle Themen in ganzer Ausführlichkeit darstellen; Handlichkeit und Übersichtlichkeit des Buchs würden drastisch darunter leiden. Wenn Sie also mehr zu den einzelnen Themen wissen wollen, informieren Sie sich, z.B. mit Hilfe der im Literaturverzeichnis angegebenen Publikationen. Und scheuen Sie sich nicht, die Wörterliste in Kap. 2 oder den Duden (bzw. das Pendant von Bertelsmann) zu befragen, wenn Sie sich über eine Schreibweise nicht sicher sind, das geht meistens schneller und ist sicherer als intensives Nachdenken.

Seit dem Erscheinen der 1. Auflage hat es in Deutschland noch einigen Wirbel um die Reform gegeben, während unsere Nachbarn in Österreich und der Schweiz die Änderungen ohne große Aufregung akzeptiert haben. Neue Schulbücher werden seit 2 Jahren nach den neuen Regeln verfasst, Nachrichtenagenturen und deutsche Presse haben ihre Schreibung am 1.8.1999 umgestellt. Jetzt folgen auch viele der deutschen Unternehmen. Derzeit einzige Ausnahme ist Schleswig-Holstein, das sich bei einem Volksentscheid gegen die Übernahme der neuen Regeln entschieden hat.

Aber nun genug der Einführung! Unser Autorenteam und der Verlag freuen sich über den Erfolg der ersten Auflage und hoffen, dass die zweite Auflage ebenso bald vergriffen sein wird wie die erste. Wir bedanken uns bei allen, die unsere Arbeit an dem Buch unterstützt haben, und wünschen Ihnen viel Spaß und Erfolg mit „Professionell schreiben"!

Erlangen, Oktober 1999   Publicis MCD Verlag

Inhaltsverzeichnis

9   Arbeitstechniken 120

Die beschriebenen Methoden und Techniken sollen Ihnen helfen, Ihre Kreativität zielgerichtet einzusetzen, Inhalte zu sammeln und zu strukturieren, Entscheidungsprozesse zu vereinfachen und Ihre Zeitplanung zu optimieren.

1 Die neue Rechtschreibung

Die Neuregelung der Rechtschreibung und Zeichensetzung der deutschen Sprache verfolgt das Ziel, mehr Systematik und Einfachheit in die Orthographie zu bringen, die Zahl der Ungereimtheiten und Zweifelsfälle deutlich zu verringern sowie den Sprachbenutzern klare Regeln anzubieten.

In diesem Kapitel sind die wesentlichen Neuerungen dargestellt. Wie bei allen Regelwerken zur Rechtschreibung sind auch hier Gliederung und Darstellung nicht ganz einfach. Wir haben versucht, die Inhalte der neuen Regeln so zu strukturieren und in der Reihenfolge ihrer Häufigkeit und Bedeutung „für den täglichen Bedarf" anzuordnen, dass Sie möglichst schnell das finden, worüber Sie sich informieren möchten. Die Regeln sind durch Beispiele ergänzt, die Ihnen helfen sollen, sich gut in die neue Rechtschreibung einzufinden.

1.1 Verdopplung von Konsonanten nach kurzem Vokal, *ß*, *s*- und *z*-Laute, Dehnungen mit *h*, Umlaute

Auf kurze Vokale (Selbstlaute) folgen generell zwei Konsonanten (Mitlaute).

Verdopplung von Konsonanten nach kurzem Vokal

Bisher: Tip, Karamel, numerieren ...

Jetzt: Tipp, Karamell, nummerieren ...

(Ausnahmen bilden Wörter auf *-as, -is, -os, -us: Zeugnis, Atlas, Iris, Albatros, Globus*)

Nach kurzen Vokalen ersetzt man *ß* jetzt durch ss.

ß, s-Laute

Bisher: daß, müssen - muß - hat gemußt

Jetzt: dass, müssen - muss - hat gemusst

Nach langen Vokalen und nach Doppellauten bleibt das *ß* erhalten: *Maß, groß, draußen, reißen ...*

z-Laute   Entsprechend der bisherigen Schreibweise auf *-anz* oder *-enz*
ist nun die Schreibung mit *z* die Hauptform, die Schreibweise
mit *t* bleibt als Nebenform erhalten:

Jetzt (Hauptform): *Potenzial, differenziell, essenziell*

Jetzt (Nebenform): *Potential, differentiell, essentiell*

Die bisherige Form *plazieren* wird durch die Stammform zu
Platz ersetzt:

Jetzt: *platzieren*

Dehnungen mit *h*   Das *h*, das im Schriftbild eine Dehnung anzeigt, wird in einigen Fällen aus Gründen der Regelmäßigkeit aufgegeben.

Bisher: *rauh, Känguruh...*

Jetzt: *rau (wie blau), Känguru (wie Gnu) ...*

Umlaute   Um bestimmte Wörter anderen Mitgliedern ihrer Wortfamilie
anzugleichen, werden jetzt häufiger Umlaute gesetzt.

Bisher: *Quentchen, Stengel, einbleuen, ...*

Jetzt: *Quäntchen (wie Quantum), Stängel (wie Stange),
einbläuen (wie blau), ...*

Entscheidend dabei ist, ob ein Wort *heute* einer Wortfamilie
zugeordnet wird oder nicht. Dabei ergeben sich unter
Umständen auch unterschiedliche Schreibweisen:

aufwendig (zu aufwenden) oder *aufwändig* (zu Aufwand),
beides ist richtig.

1.2 Groß- und Kleinschreibung

Feste Fügungen   Bei festen Fügungen aus Adjekiv und Substantiv schreibt
aus Adjektiv und   man das Adjektiv von nun an klein, falls es sich nicht um
Substantiv   Eigennamen handelt:

schwarzes Brett, erste Hilfe, ...
aber
Heiliger Abend, Schwarzer Milan, ...

Ableitungen von Personennamen werden generell klein geschrieben:

ohmsches Gesetz

Bei besonderer Betonung der Grundform wird ein Name aber groß geschrieben. In solchen Fällen wird die Endung mit einem Apostroph abgesetzt:

Die Grimm'schen Märchen

Adjektive (Eigenschaftswörter) *und* Partizipien (Formen wie „das Laufende") werden groß geschrieben, wenn sie die Funktion eines Nomens (Namenwortes) übernehmen und man ihnen einen Artikel (Begleiter) voranstellen kann.

Als Nomen gebrauchte Wörter

Bisher: *im allgemeinen, im folgenden, im wesentlichen, das beste, des weiteren, den kürzeren ziehen, um ein beträchtliches, auf dem laufenden sein ... – der einzelne, bis ins einzelne, im einzelnen, der letzte, das mindeste*

Jetzt: *im Allgemeinen, im Folgenden, im Wesentlichen, das Beste, des Weiteren, den Kürzeren ziehen, um ein Beträchtliches, auf dem Laufenden sein ... – der Einzelne, bis ins Einzelne, im Einzelnen, der Letzte, das Mindeste*

Ausnahmen sind feste Fügungen wie: *von neuem, bis auf weiteres, ohne weiteres, seit längerem ...*

Die Wahl zwischen Groß- und Kleinschreibung hat man bei Wendungen wie dieser: *auf das S/schönste.*

Weiterhin kleingeschrieben werden: *viele, das viele, die vielen; wenige; das meiste; der andere; die einen und die anderen ...*

Paarformeln zur Bezeichnung von Personen schreibt man groß:

Paarformeln

Bisher: alt und jung

Jetzt: Alt und Jung

Alle mit einer Präposition (in, auf ...) verbundenen Farben und Sprachen schreibt man groß.

Farben und Sprachen

Bisher: auf deutsch, in englisch, in grün

Jetzt: auf Deutsch, in Englisch, in Grün

Zeitangaben

Bei Zeitangaben werden Nomen konsequenter als bisher groß-, Adverbien (Umstandswörter) konsequenter kleingeschrieben.

Bisher: nächsten Dienstag abend, heute abend, Sonntag morgens ...

Jetzt: nächsten Dienstagabend, heute Abend, sonntagmorgens ...

Zahlwörter und Altersangaben

Bei Zahlwörtern ist die bisher übliche Unterscheidung zwischen Rang- und Reihenfolge aufgehoben.

Bisher: die achte (Kalenderwoche), der Achte (im Ziel) ...

Jetzt: grundsätzlich Großschreibung.

Altersangaben schreibt man jetzt klein.

Bisher: der Mensch über Achtzig

Jetzt: der Mensch über achtzig

Verbindungen mit Mal/-mal

Auch bei Mal/-mal gilt der Trend zur Großschreibung und zur Vereinheitlichung.

Bisher: das erste Mal, das erstemal

Jetzt: das erste Mal

Du, ihr, Sie und Ihr

Die Pronomina (Fürwörter) *du* und *ihr* werden von nun an immer kleingeschrieben, die Höflichkeitsanreden *Sie* und *Ihr* aber weiterhin groß.

1.3 Zusammen- und Getrenntschreibung

In Zukunft gilt die Getrenntschreibung als der Normalfall.

Infinitiv + Verb Partizip + Verb

Kombinationen aus Infinitiv (Grundform) und Verb (Zeitwort) bzw. aus Partizip und Verb sind grundsätzlich getrennt zu schreiben.

Bisher: spazierengehen, kennenlernen, sitzenbleiben; gefangennehmen, verlorengehen ...

Jetzt: spazieren gehen, kennen lernen, sitzen bleiben; gefangen nehmen, verloren gehen ..., aber: das Spazierengehen ...

14

Auch bei Nomen und Verb wird es einfacher: Solche Kombinationen werden nun generell getrennt geschrieben:

Nomen + Verb

Bisher: *Auto fahren, Ski fahren, radfahren, eislaufen ...*

Jetzt: *Auto fahren, Ski fahren, Rad fahren, Eis laufen ...,*
aber: *das Autofahren ...*

1.4 Wortzusammensetzungen

Wenn in Wortkombinationen drei gleiche Buchstaben aufeinander folgen, schreibt man alle drei.

Drei aufeinanderfolgende gleiche Buchstaben

Bisher: *Schwallöten, Bettuch, Teei, Schiffahrt, Flußsand ...*

Jetzt: *Schwalllöten, Betttuch, Teeei, Schifffahrt, Flusssand ...*

Man kann solche zusammengesetzten Wörter (Komposita) auch durch Bindestriche teilen (was nicht unbedingt schöner ist).

Beim Substantivieren von auf *h* endenden Adjektiven durch Anhängen der Silbe *-heit* fällt nicht mehr ein *h* weg.

Nomen auf -heit

Bisher: *Roheit, Zäheit ...*

Jetzt: *Rohheit, Zähheit ...*

Aber: *Rauheit* (siehe Abschnitt 1.1)

Alle Zusammensetzungen mit *irgend* werden zusammengeschrieben: *irgendwer, irgendwo, irgendwie*

irgend, so viel(e), wie viel(e)

Zusammensetzungen mit *viel* schreibt man nun generell getrennt: *so viel, so viele, wie viel, wie viele*

Kombinationen aus Ziffern und Wörtern schreibt man jetzt mit Bindestrich.

Kombinationen aus Ziffern und Wörtern

Bisher: *100prozentig, 8jährig, 8tonner ...*

Jetzt: *100-prozentig, 8-jährig, 8-Tonner ...*

Bindestriche in Wortzusammensetzungen

Nicht nur unübersichtliche Wortzusammensetzungen mit mehr als drei Teilen, sondern auch kurze Zusammensetzungen darf man jetzt durch Bindestriche aufteilen.

Bei Fachtexten ist dies ein wichtiges Thema: Machen Sie nicht zu viele Bindestriche und schreiben sie so, wie es für Ihre Zielgruppe optimal ist. Bedenken Sie, dass Experten viele zusammengesetzte Wörter in einem Wort und ohne Bindestriche schreiben, weil es sich für sie um ganz alltägliche Begriffe handelt!

Bisher z.B.: *Arbeiter-Unfallversicherungsgesetz*

Jetzt auch: *Desktop-Publishing, Ballett-Truppe ...*

Anglizismen

Viele aus englischen Wörtern zusammengesetzte Begriffe werden nach den neuen Regeln in einem Wort geschrieben. Das entspricht auch dem Trend zur Vereinfachung der Rechtschreibregeln. Viele gute Autoren und Redakteure sind aber bei dieser Art von Begriffen ihrer Zeit immer ein bisschen voraus. Wenn Ihr Text von einem Redakteur bearbeitet wird, sollten Sie möglichst früh mit ihm vereinbaren, wie mit solchen Begriffen umzugehen ist.

Bisher: *Cash-flow, Common sense, Joint-venture*

Jetzt: *Cashflow, Commonsense* oder *Common Sense, Joint-venture* oder *Joint Venture*

1.5 Worttrennung

st und ck

Kombinationen aus *st* und *ck* werden bei der Trennung nicht mehr als Sonderfälle behandelt.

Bisher: *Ki-ste, lä-stig; Bäk-ker, Hek-ke ...*

Jetzt: *Kis-te, läs-tig; Bä-cker, He-cke ...*

Abtrennung von Einzelbuchstaben

Beim Trennen darf es jetzt zur Abtrennung von Einzelbuchstaben kommen.

Bisher: *Eli-te, Rui-ne, Ofen*

Jetzt: *E-li-te, Ru-i-ne, O-fen*

Die Abtrennung von Einzelbuchstaben am Wortende ist zu vermeiden.

Heraus und ähnliche Wörter werden nicht mehr zwangsläufig nach ihren Wortbestandteilen getrennt; auch Trennung nach Sprechsilben ist möglich.

hinauf, herein, warum

Bisher: *hin-auf, her-ein, war-um ...*

Jetzt auch: *hi-nauf, he-rein, wa-rum ...*

Für das Trennen von Fremdwörtern gelten ähnliche Regeln wie für deutsche Wörter.

Trennung von Fremdwörtern

Bisher: *Chir-urg, Hekt-ar ...*

Jetzt auch: *Chi-rurg, Hek-tar ...*

1.6 Schreibweise von Fremdwörtern

Etliche Fremdwörter sind „eingedeutscht" worden; es wird zwischen bevorzugter und erlaubter Schreibung unterschieden. Bei Unsicherheit sollten Sie die Wörterliste in Kapitel 2 befragen.

Bisher	*Jetzt*
ai	*ai* oder *ä*
c	*c* oder *ss*
ch	*ch* oder *sch*
é oder *ée*	*é/ée* oder *ee*
gh	*gh* oder *g*
ou	*ou* oder *u*
ph	*ph* oder *f*
qu	*k*
rh	*rh* oder *r*
th	*th* oder *t*

Jetzt: Facette, auch Fassette; Orthographie, auch Ortografie; Exposee, auch Exposé; Portmonee, auch Portemonnaie

Beispiele

17

1.7 Die neuen Kommaregeln

Generell gilt: Die Kommaregeln werden weniger kompliziert und streng. Sie als Schreibender haben häufiger als bisher die Möglichkeit zu entscheiden, ob das Setzen von Kommas Ihren Text verständlicher macht.

Bedenken Sie: In vielen Fällen ist es zweckmäßig, ein Komma zu setzen, um die Satzstruktur zu verdeutlichen. Das sollte man aber nicht übertreiben.

Komma zwischen zwei Hauptsätzen

Zwischen zwei Hauptsätzen, die durch *und* bzw. *oder* verbunden sind, soll kein Komma mehr stehen:

Jetzt: *Sie arbeitete am PC und er putzte die Küche.*

Wenn der Satz dadurch verständlicher wird oder eine besondere Betonung erwünscht ist, kann man aber nach wie vor ein Komma setzen:

Nach wie vor möglich: *Sie arbeitete am PC, und er putzte die Küche.*

Komma bei Infinitiv- und Partizipgruppen

Das Komma bei Infinitiv- und Partizipgruppen muss nur noch in bestimmten Fällen gesetzt werden. In gut lesbaren Texten sind solche Konstruktionen aber äußerst selten, so dass diese Regeln für die Praxis kaum von Bedeutung sind. Ein Komma steht,

• wenn diese Gruppen zwischen Subjekt und Prädikat treten: *Sie, um schnell nach Hause zu kommen, nahm ein Taxi.* (Aber: *Sie nahm ein Taxi(,) um schnell nach Hause zu kommen.* Hier kann, muss aber kein Komma stehen.)

• wenn sie angekündigt werden: *Er dachte nicht daran, auf seinen Chef zu hören.*

• wenn nachträglich auf sie Bezug genommen wird: *Den Vertrag zu ändern, daran dachte sie nicht.*

• wenn die Partizipgruppe nachgestellt wird: *Er rief den Arzt, von Schmerzen geplagt.*

2 Wörterliste der geänderten Schreibungen

A

abend/Abend
  gestern/heute/morgen abend
  Dienstag abend
abends
  Dienstag abends
aberhundert[e]/Aberhundert[e]
  aberhundert *(viele hundert)*
    [Sterne]
  [hundert und] aber *(wiederum)*
    hundert [Sterne]
  Aberhunderte *(viele Hunderte)*
    [Sterne]
  [Hunderte und] aber *(wiederum)*
    Hunderte [Sterne]
abertausend[e]/Abertausend[e]
  vgl. aberhundert[e]/Aberhundert[e]
Abszeß
abscheuerregend
abwärtsgehen *(schlechter werden)*
Ach-Laut
acht/Acht *(Aufmerksamkeit)*
  acht geben
  acht haben
  in acht nehmen
  außer acht lassen
acht-/Acht- *(8)*
  achtmal

  (bei Schreibung mit Ziffer:) 8mal

  8jährig
  8prozentig
  8seitig

gestern/heute/morgen Abend
Dienstagabend *vgl. dort*

dienstagabends

aberhundert/Aberhundert
  [Sterne]
[hundert/Hundert und] aber-
  hundert/Aberhundert [Sterne]
aberhunderte/Aberhunderte
  [Sterne]
aberhunderte/Aberhunderte
  [Sterne]

Abszess
Abscheu erregend
abwärts gehen
Achlaut/Ach-Laut

Acht geben
Acht haben
in Acht nehmen
außer Acht lassen

achtmal/*(bei besonderer
  Betonung:)* acht Mal
8-mal/*(bei besonderer Betonung:)*
  8 Mal
8-jährig
8-prozentig
8-seitig

alte Schreibung	neue Schreibung
der/die 8jährige	der/die 8-Jährige
8achser, 8tonner, 8zylinder …	8-Achser, 8-Tonner, 8-Zylinder …
achte/Achte	
der/die/das achte	der/die/das Achte
achtzig/Achtzig	
Mitte [der] Achtzig	Mitte [der] achtzig
in die Achtzig [kommen]	in die achtzig [kommen]
mit Achtzig/achtzig [Jahren]	mit achtzig [Jahren]
[ein Mensch] über Achtzig/achtzig	[ein Mensch] über achtzig
achtziger Jahre	**achtziger Jahre/Achtzigerjahre**
(in Ziffern:) 80er Jahre	80er Jahre/80er-Jahre
ackerbautreibend	**Ackerbau treibend**
ade/Ade	
jemandem ade sagen	jemandem Ade/ade sagen
adieu/Adieu	
jemandem adieu sagen	jemandem Adieu/adieu sagen
Adreßbuch	**Adressbuch**
afro-amerikanisch	**afroamerikanisch**
(Afrika und Amerika betreffend)	
Afro-Look	**Afrolook**
After-shave	**Aftershave**
After-shave-Lotion	**Aftershavelotion,** *auch* **After-Shave-Lotion**
ähnliches *(solches)*	**Ähnliches**
und ähnliches *(Abk.:* u. ä.)	und Ähnliches *(Abk.:* u. Ä.)
Air-conditioner	**Airconditioner**
alleinerziehend	**allein erziehend**
der/die Alleinerziehende	der/die allein Erziehende/Alleinerziehende
alleinstehend	**allein stehend**
vgl. alleinerziehend	
allerbeste/Allerbeste	
das allerbeste	das Allerbeste
es ist das allerbeste *(sehr gut),* daß …	es ist das Allerbeste, dass …
allerletzte/Allerletzte	
das allerletzte	das Allerletzte
es ist das allerletzte *(sehr schlecht),* daß …	es ist das Allerletzte, dass …
alles/Alles	
alles einzelne	alles Einzelne
mein ein und [mein] alles	mein Ein und [mein] Alles
allgemein	
im allgemeinen *(gewöhnlich)*	im Allgemeinen
allgemeinbildend	**allgemein bildend**

alte Schreibung	neue Schreibung
allgemeinverständlich	allgemein verständlich
Alptraum	Alptraum/Albtraum
Alma mater	Alma Mater
als einziges	als Einziges
als erstes *(zuerst)*	als Erstes
als letztes *(zuletzt)*	als Letztes
als nächstes *(darauf)*	als Nächstes
alt/Alt	
alt und jung *(jedermann)*	Alt und Jung
[ganz] der/die/das alte	[ganz] der/die/das Alte
die alten [sein/bleiben]	die Alten [sein/bleiben]
es beim alten [bleiben] lassen	es beim Alten [bleiben] lassen
am alten hängen	am Alten hängen
am ersten *(zuerst)*	am Ersten
Amboß	Amboss
am letzten *(zuletzt)*	am Letzten
an [Eides …] Statt	an [Eides …] statt
anderes/Anderes	
etwas anderes	etwas anderes/Anderes
andersdenkend	anders denkend
der/die Andersdenkende	der/die anders Denkende/Andersdenkende
aneinanderfügen	aneinander fügen/grenzen/legen/reihen …
(wenn „aneinander" den Vorgang nur näher bezeichnet)	
Anglo-Amerikaner	Angloamerikaner
(Sammelname für Engländer und Amerikaner)	
angst/Angst	
jemandem angst [und bange] machen	jemandem Angst [und Bange] machen
Anlaß	Anlass
Anschluß	Anschluss
Anschlußstrecke …	Anschlussstrecke …
arabisch/Arabisch	
vgl. deutsch/Deutsch	
arg/Arg	
im argen liegen	im Argen liegen
arm und reich *(jedermann)*	Arm und Reich
Art-director	Artdirector
As	Ass
auf das/aufs beste	auf das/aufs beste/Beste
auf das/aufs genaueste	auf das/aufs genaueste/Genaueste
auf das/aufs gleiche [hinauskommen]	auf das/aufs Gleiche [hinauskommen]

21

alte Schreibung	neue Schreibung
auf das/aufs gröbste	**auf das/aufs gröbste/Gröbste**
auf das/aufs herzlichste	**auf das/aufs herzlichste/Herzlichste**
auf das/aufs höchste	**auf das/aufs höchste/Höchste**
auf das/aufs schlimmste	**auf das/aufs schlimmste/Schlimmste**
[zugerichtet werden]	[zugerichtet werden] *(aber nur:* auf das/aufs Schlimmste gefasst sein)
auf das/aufs schrecklichste	**auf das/aufs schrecklichste/Schreck-**
[zugerichtet werden]	**lichste** [zugerichtet werden] *(aber nur:* auf das/aufs Schrecklichste gefasst sein)
auf dem laufenden [sein]	**auf dem Laufenden** [sein]
auf dem trock[e]nen sitzen	**auf dem Trock[e]nen** sitzen/sein
(in finanzieller Verlegenheit sein)/ sein *(festsitzen)*	
aufeinanderbeißen	**aufeinander beißen**/liegen/prallen/ sitzen/stapeln/stoßen ...
aufsehenerregend	**Aufsehen erregend**
aufsichtführend	**Aufsicht führend**
der/die Aufsichtführende	der/die Aufsicht Führende/ Aufsichtführende
aufs neue	**aufs Neue**
auf seiten	**auf Seiten/aufseiten**
aufwendig	**aufwändig/aufwendig**
aufwärtsgehen *(besser werden)*	**aufwärts gehen**/steigen/streben ...
auf Wiedersehen/Auf Wiedersehen	
jemandem auf Wiedersehen sagen	jemandem Auf Wiedersehen/auf Wiedersehen sagen
Au-pair-Mädchen	**Aupairmädchen**, *auch* **Au-pair-Mädchen**
Au-pair-Stelle	Aupairstelle, *auch* Au-pair-Stelle
auseinandergehen *(sich trennen)*	**auseinander gehen**
auseinandersetzen	**auseinander setzen**/leben/nehmen/ ziehen ...
(jemandem etwas erklären)	
Ausschluß	**Ausschluss**
Ausschuß	**Ausschuss**
außer acht [lassen]	**außer Acht** [lassen]
äußerst	
auf das/aufs äußerste	auf das/aufs äußerste/Äußerste
bis zum äußersten	bis zum Äußersten
außerstand [setzen]	**außer Stand/außerstand** [setzen]
außerstande [sein]	außer Stande/außerstande [sein]
auswärtsgehen/auswärtslaufen	**auswärts gehen/laufen ...**
(mit auswärts gerichteten Füßen gehen/laufen)	

alte Schreibung	neue Schreibung

B

Ballettänzer	**Balletttänzer**
bange/Bange	
jemandem [angst und] bange machen	jemandem [Angst und] Bange machen
bankrott gehen	**[in den] Bankrott gehen**
baß [erstaunt sein]	**bass** [erstaunt sein]
Baß	**Bass**
Baßstimme	Bassstimme
Beat generation	**Beatgeneration**
bedeutend	
um ein bedeutendes [größer …]	um ein Bedeutendes [größer …]
behende	**behände**
beieinandersein (bei Verstand sein)	**beieinander sein**/bleiben/haben/ hocken/stehen …
beifallspendend	**Beifall spendend**
beisammensein	**beisammen sein**
(bei Verstand/guter Gesundheit sein)	
bekanntgeben (eine Nachricht)	**bekannt geben**/machen/werden …
belemmert	**belämmert**
beliebig	
alles/jede[r] beliebige	alles/jede[r] Beliebige
Bendel	**Bändel**
besonders	
im besonderen	im Besonderen
besorgniserregend	**Besorgnis erregend**
etwas Besorgniserregendes	etwas Besorgnis Erregendes/ Besorgniserregendes
besser/beste	
bessergehen (sich wohler befinden)	besser gehen/stellen …
der/die/das Beßre	der/die/das Bessre
eine Wendung zum Beßren	eine Wendung zum Bessren
eines Beßren belehren	eines Bessren belehren
sich eines Beßren besinnen	sich eines Bessren besinnen
das beste sein (am besten sein)	das Beste sein
es ist das beste, wenn/daß …	es ist das Beste, wenn/dass …
auf das/aufs beste	auf das/aufs beste/Beste
der/die/das erste/nächste beste	der/die/das erste/nächste Beste
zum besten geben/haben/ halten/stehen	zum Besten geben/haben/ halten/stehen
bestgehaßt	**bestgehasst**
bestehenbleiben	**bestehen bleiben**/lassen

alte Schreibung	neue Schreibung
beträchtlich um ein beträchtliches *(sehr viel)* [größer ...]	um ein Beträchtliches [größer ...]
bewußt Bewußtsein **bewußtmachen** *(ins Bewußtsein rufen)*	**bewusst** Bewusstsein **bewusst machen**/werden
bezug/Bezug in bezug [auf]	in Bezug [auf]
Bibliographie bibliographisch	**Bibliografie**, *auch* **Bibliographie** bibliografisch, *auch* bibliographisch
Big Band	**Bigband**, *auch* **Big Band**
Big Business	**Bigbusiness**, *auch* **Big Business**
Biographie biographisch	**Biografie**, *auch* **Biographie** biografisch, *auch* biographisch
bisherig im bisherigen	im Bisherigen
biß *(zu* beißen) Biß *(zu* beißen) Bißchen *(kleiner Biß)* **[ein] bißchen** *(wenig)* dieses [kleine] bißchen	**biss** Biss Bisschen **[ein] bisschen** dieses [kleine] bisschen
bis zum äußersten	**bis zum Äußersten**
bis zum letzten *(sehr)*	**bis zum Letzten**
Blackbox	**Blackbox**, *auch* **Black Box**
Blackout	**Black-out**, *auch* **Blackout**
Black Power	**Blackpower**, *auch* **Black Power**
blankpoliert	**blank poliert**/geschrubbt ...
blaß Blaßheit	**blass** Blassheit
blau	
blaugestreift	**blau gestreift**
blau-grau *(blau und grau)* usw. der blaue Planet *(die Erde)*	**blaugrau/blau-grau** *usw.* der Blaue Planet
bläulichgrün	**bläulich grün**/schwarz ...
bleibenlassen	**bleiben lassen**
blendendweiß	**blendend weiß**
Bläßhuhn/Bleßhuhn	**Blässhuhn/Blesshuhn**
blondgelockt	**blond gelockt**
Bluejeans/Blue jeans	**Bluejeans**, *auch* **Blue Jeans**
blutsaugend	**Blut saugend**
Boat people	**Boatpeople**
Bonbonniere	**Bonbonniere**, *auch* **Bonboniere**
Boß	**Boss**
Bottle-Party	**Bottleparty**
Bouclé	**Bouclé**, *auch* **Buklee**

alte Schreibung	neue Schreibung
Brain-Drain Brain-Trust **braun** *usw. vgl.* blau *usw.* **bravo/Bravo** bravo rufen **Bravour** **breit** **breitgefächert** breitmachen des langen und breiten **Brennessel** **buntgestreift** **Busineß**	**Braindrain** Braintrust Bravo/bravo rufen **Bravour**, *auch* **Bravur** **breit gefächert**/gewachsen … breit machen/treten (*aber:* breitschlagen *(überreden)*/ breittreten *(zerreden)*) des Langen und Breiten **Brennnessel** **bunt gestreift**/gefleckt … **Business**

C

Cashewnuß **Cash-flow** **Centre Court** **Čevapčiči** **Chansonnier** **Château** **Chewing-gum** **Chicorée** **Choreograph** Choreographie **Cleverneß** **Comeback** **Comic strip** **Common sense** **Compact Disc** **Cool Jazz** **Corned beef** **Countdown** **Countess/Counteß** **Country-music** **Creme/Krem** **Crêpe** *(Eierkuchen)* **Csárdás/Tschardasch**	**Cashewnuss** **Cashflow** **Centrecourt**, *auch* **Centre-Court** **Cevapcici/Čevapčiči** **Chansonnier**, *auch* **Chansonier** **Chateau/Château** **Chewinggum** **Chicorée**, *auch* **Schikoree** **Choreograf**, *auch* **Choreograph** Choreografie, *auch* Choreographie **Cleverness** **Come-back**, *auch* **Comeback** **Comicstrip** **Commonsense**, *auch* **Common Sense** **Compactdisc**, *auch* **Compact Disc** **Cooljazz**, *auch* **Cool Jazz** **Cornedbeef**, *auch* **Corned Beef** **Count-down**, *auch* **Countdown** **Countess** **Countrymusic** **Creme**, *auch* **Krem/Kreme** **Krepp**, *auch* **Crêpe** **Csardas/Csárdás**

alte Schreibung	neue Schreibung

D

Daddys/Daddies	**Daddys**
(*Plural von* Daddy)	
dasein	**da sein**
dabeisein	**dabei sein**
dahinterklemmen	**dahinter klemmen**/knien/kommen/
(*mit Nachdruck betreiben*)	stecken/stehen
dänisch/Dänisch	
vgl. deutsch/Deutsch	
darinbleiben	**darin bleiben**/sitzen/stecken …
darüberfahren	**darüber fahren**/machen/schreiben/
(*über etwas streichen*)	stehen
daß	**dass**
daß-Satz	dass-Satz/Dasssatz
davorhängen	**davor hängen**/liegen/schieben/
	stehen/stellen …
dein/Dein *vgl. auch* du/Du *usw.*	
das Deine	das Deine/deine
das Deinige	das Deinige/deinige
die Deinen	die Deinen/deinen
die Deinigen	die Deinigen/deinigen
mein und dein [nicht] unter-	Mein und Dein [nicht] unter-
scheiden	scheiden
ein Streit über mein und dein	ein Streit über Mein und Dein
deiner/Deiner *vgl.* du/Du *usw.*	
Dekolleté	**Dekolletee,** *auch* **Dekolleté**
Delphin	**Delphin,** *auch* **Delfin**
derartiges	**[etwas] Derartiges**
Desktop publishing	**Desktoppublishing,** *auch*
	Desktop-Publishing
dessenungeachtet	**dessen ungeachtet**
deutsch/Deutsch	
in deutsch/Deutsch	in Deutsch
auf [gut] deutsch	auf [gut] Deutsch
der deutsche Schäferhund	der Deutsche Schäferhund
Diarrhö/Diarrhoe	**Diarrhö**
diät leben/kochen …	**Diät leben**/kochen …
dich/Dich *vgl.* du/Du *usw.*	
dichtbehaart	**dicht behaart**/bewaldet/gedrängt …
Dienstag abend/Dienstagabend	
am Dienstag abend	am Dienstagabend
an diesem/an jedem Dienstag abend	an diesem/an jedem Dienstagabend
diesen/jeden Dienstag abend	diesen/jeden Dienstagabend

alte Schreibung	**neue Schreibung**
Dienstag abends	dienstagabends
Differential	Differenzial, *auch* Differential
differential/differentiell	differenzial/differenziell,
	auch differential/differentiell
Diktaphon	Diktaphon, *auch* Diktafon
Dining-room	Diningroom
dir/Dir *vgl.* du/Du *usw.*	
Donnerstag *usw. vgl.* Dienstag *usw.*	
doppeltwirkend	doppelt wirkend
dortzulande	dortzulande/dort zu Lande
Drapé	Drapé, *auch* Drapee
drei *usw. vgl.* acht *usw.*	
dreißig *usw. vgl.* achtzig *usw.*	
Dreß	Dress
dritte/Dritte	
der/die/das dritte [von dreien]	der/die/das Dritte
jeder dritte	jeder Dritte
die dritte Welt	die Dritte Welt
Drittteil	Drittteil (*aber:* Drittel)
du/Du	
Du, Dein, Deiner, Dir, Dich (*in der*	du, dein, deiner, dir, dich
Anrede)	
auf du und du	auf Du und Du
Dummys/Dummies	Dummys
(*Plural von* Dummy)	
dunkel	
im dunkeln tappen (*nicht Bescheid*	im Dunkeln tappen
wissen)	
dünnbesiedelt	dünn besiedelt/bevölkert …
durcheinanderbringen	durcheinander bringen/reden …
Duty-free-Shop	Dutyfreeshop, *auch* Duty-free-Shop
Dutzende	Dutzende/dutzende

E

Easy-rider	Easyrider
ebensogut	ebenso gut/sehr …
Eid	
an Eides Statt	an Eides statt
eigen/Eigen	
sein eigen nennen	sein Eigen nennen
zu eigen geben/machen	zu Eigen geben/machen
einbleuen	einbläuen

alte Schreibung	**neue Schreibung**
einfachste/Einfachste	
das einfachste sein	das Einfachste sein
es ist das einfachste, wenn …	es ist das Einfachste, wenn …
auf das/aufs einfachste	auf das/aufs einfachste/Einfachste
einmal	**einmal**/(*bei besonderer*
	Betonung:) **ein Mal**
eins *usw. vgl.* acht *usw.*	
einwärtsbiegen	**einwärts biegen**/gehen …
einzelne/Einzelne	
der/die/das einzelne	der/die/das Einzelne
einzelne[s]	Einzelne[s]
jede[r] einzelne	jede[r] Einzelne
[bis] ins einzelne	[bis] ins Einzelne
im einzelnen	im Einzelnen
alles einzelne	alles Einzelne
einzelnstehend	**einzeln stehend**
einzig	
der/die/das einzige	der/die/das Einzige
[nicht] ein/kein einziger	[nicht] ein/kein Einziger
als einziges	als Einziges
eisenverarbeitend	**Eisen verarbeitend**
eisigkalt	**eisig kalt**
die eisigkalten Tage	die eisig kalten Tage
eislaufen	**Eis laufen**
ich laufe eis, bin eisgelaufen	ich laufe Eis, bin Eis gelaufen
eislaufend	Eis laufend
eis- und Ski laufen	Eis und Ski laufen
Ski und eislaufen	Ski und Eis laufen
ekelerregend	**Ekel erregend**
elf *usw. vgl.* acht *usw.*	
engbefreundet	**eng befreundet**/bedruckt/verwandt…
die engbefreundeten Kinder	die eng befreundeten Kinder
entfernt	
nicht im entferntesten	nicht im Entferntesten
entläßt (*zu* entlassen)	**entlässt**
entschloß (*zu* entschließen)	**entschloss**
Entschluß (*zu* entschließen)	**Entschluss**
entweder … oder	
ʼdas Entweder-Oder	das Entweder-oder
ernstgemeint	**ernst gemeint**
ernstzunehmend	**ernst zu nehmend**
erste/Erste	
der/die/das erste (*der Reihe nach*)	der/die/das Erste
der/die/das erste beste	der/die/das erste Beste
als erstes (*zuerst*)	als Erstes

alte Schreibung	neue Schreibung
fürs erste	fürs Erste
der/die/das erstere	der/die/das Erstere
ersteres	Ersteres
die Erste Hilfe	die erste Hilfe
der erste/Erste Weltkrieg	der Erste Weltkrieg
Erstkläßler	**Erstklässler**
eßbar	**essbar**
Eßkultur, eßlustig …	Esskultur, esslustig …
eßt (*zu* essen) *vgl.* ißt	
essentiell	**essenziell**, *auch* **essentiell**
Ethnographie	**Ethnographie**, *auch* **Ethnografie**
euch/Euch *usw. vgl.* ihr/Ihr *usw.*	
euer/Euer *usw. vgl.* ihr/Ihr *usw.*	
die Euren	die euren/Euren
die Eurigen	die eurigen/Eurigen
das Eure	das eure/Eure
das Eurige	das eurige/Eurige
Eurhythmie	**Eurhythmie**, *auch* **Eurythmie**
Existentialismus	**Existenzialismus**, *auch* **Existentialismus**
Existentialphilosophie	Existenzialphilosophie, *auch* Existentialphilosophie
existentiell	existenziell, *auch* existentiell
Exposé	**Exposee**, *auch* **Exposé**
expreß	**express**
Expreß	Express
Exzeß	**Exzess**

F

alte Schreibung	neue Schreibung
Facette	**Facette**, *auch* **Fassette**
fahrenlassen *(loslassen, aufgeben)*	**fahren lassen**
Fairneß	**Fairness**
Fair play	**Fairplay**, *auch* **Fair Play**
fallenlassen *(aufgeben)*	**fallen lassen**
Fallout	**Fall-out**, *auch* **Fallout**
falschliegen *(sich falsch verhalten)*	**falsch liegen**/schreiben/spielen …
Faß	**Fass**
faßte, gefaßt *(zu* fassen)	**fasste, gefasst**
faß! faßt!	fass! fasst!
Fast food	**Fastfood**, *auch* **Fast Food**
Feedback	**Feed-back**, *auch* **Feedback**
feinmachen *(schön anziehen)*	**fein machen**

alte Schreibung	neue Schreibung
feind/Feind jemandem feind bleiben/sein/ werden **fernliegen** **fernliegend**	jemandem Feind bleiben/sein/ werden **fern liegen**/stehen … **fern liegend** (*aber:* fernbleiben (*nicht teilnehmen*), fernsehen)
fertigbringen (*vollbringen*) **fettgedruckt** **feuerspeiend** **finnisch/Finnisch** *vgl.* deutsch/Deutsch **finster** im finstern tappen (*nicht Bescheid* *wissen*) **Fitneß** **flämisch/Flämisch** *vgl.* deutsch/Deutsch **fleischfressend** **Floppy disk** **floß** (*zu* fließen) **Fluß** flußab[wärts], flußauf[wärts] **flüssigmachen** (*[Geld] verfügbar machen*) **Fön** (*Haartrockner*)	**fertig bringen**/bekommen/stellen … **fett gedruckt** **Feuer speiend** im Finstern tappen **Fitness** **Fleisch fressend**/verarbeitend … **Floppydisk**, *auch* **Floppy Disk** **floss** **Fluss** flussab[wärts], flussauf[wärts] **flüssig machen** **Föhn** (*als Warenzeichen weiterhin* **Fön**)
folgend folgendes (*dieses*) das folgende (*dieses*) der folgende (*der Reihe nach*) im folgenden (*weiter unten*) in folgendem (*weiter unten*) durch folgendes (*dieses*) mit folgendem (*diesem*) von folgendem (*diesem*) alle folgenden (*anderen*) **Foto/Photo**	Folgendes das Folgende der Folgende im Folgenden in Folgendem durch Folgendes mit Folgendem von Folgendem alle Folgenden **Foto** Fotoalbum, Fotofinish, Fotografik, Fotokopie, Fotomontage, Fotothek
fotogen/photogen **Fotografie/Photographie** **fotografieren/photographieren** **Frage** in Frage [kommen/stellen …] **frankophon**	**fotogen**, *auch* **photogen** **Fotografie**, *auch* **Photographie** **fotografieren** infrage/in Frage [kommen/stellen…] **frankophon**, *auch* **frankofon**

alte Schreibung	neue Schreibung
französisch/Französisch *vgl.* deutsch/Deutsch	
Frappé	**Frappee,** *auch* **Frappé**
Free Jazz	**Freejazz,** *auch* **Free Jazz**
Freitag *usw. vgl.* Dienstag *usw.*	
freßt! (*zu* fressen) *vgl.* frißt	
freudebringend	**Freude bringend/**spendend
freund/Freund	
jemandem freund bleiben/sein/ werden	jemandem Freund bleiben/sein/ werden
Frigidaire	**Frigidaire** (*als Warenzeichen nur so*), *auch* **Frigidär**
frischgebacken/frisch gebacken	**frisch gebacken**
frißt (*zu* fressen)	**frisst**
friß! freßt!	friss! fresst!
fritieren	**frittieren**
Fritüre	**Frittüre**
frühverstorben	**früh verstorben/**vollendet …
Full-time-Job	**Fulltimejob,** *auch* **Full-Time-Job**
fünf *usw. vgl.* acht *usw.*	
fünfzig *usw. vgl.* achtzig *usw.*	
funkensprühend	**Funken sprühend**
fürbaß	**fürbass**
furchteinflößend	**Furcht einflößend/**erregend …
fürliebnehmen	**fürlieb nehmen**
fürs erste	**fürs Erste**

G

ganz	
im ganzen	im Ganzen
im großen ganzen	im großen Ganzen
im großen und ganzen	im Großen und Ganzen
gargekocht	**gar gekocht**
das gargekochte Fleisch	das gar gekochte Fleisch
Gäßchen	**Gässchen**
gaßein, gaßaus	gassein, gassaus
Gebiß	**Gebiss**
gefahrbringend	**Gefahr bringend/**drohend …
gefangenhalten	**gefangen halten/**nehmen/setzen …
gegeneinanderdrücken	**gegeneinander drücken/**prallen/ pressen/stoßen …
geheimhalten	**geheim halten/**tun/bleiben …
im geheimen	im Geheimen

alte Schreibung	neue Schreibung
gehenlassen (*in Ruhe lassen* und *die Beherrschung verlieren*)	**gehen lassen**
Gelaß	**Gelass**
gelb *usw. vgl.* blau *usw.*	
gelb-grün (*gelb und grün*) *usw.*	**gelbgrün/gelb-grün** *usw.*
Gemse	**Gämse**
genau	
genaugenommen (*eigentlich*)	genau genommen
des genaueren	des Genaueren
auf das/aufs genaueste	auf das/aufs genaueste/Genaueste
genausogut	**genauso gut**/viel …
genoß (*zu* genießen)	**genoss**
Genuß	**Genuss**
Geographie	**Geographie**, *auch* **Geografie**
geradesitzen	**gerade sitzen**/stehen/legen …
	(*aber:* geradestehen (*für etwas auf-*
	kommen))
gering	
geringachten	**gering achten**/schätzen …
[nicht] das geringste [bemerken]	[nicht] das Geringste [bemerken]
nicht im geringsten	nicht im Geringsten
gerngesehen	**gern gesehen**
ein gerngesehener Gast	ein gern gesehener Gast
gesamt	
im gesamten (*insgesamt*)	im Gesamten
Geschoß	**Geschoss**, *österr., schweiz. auch* Geschoß
geschrien/geschrieen	**geschrien**
(*zu* schreien)	
gespien/gespieen	**gespien**
(*zu* speien)	
getrennt lebend/getrenntlebend	**getrennt lebend**
gewinnbringend	**Gewinn bringend/gewinnbringend**
	(*aber nur:* sehr gewinnbringend;
	großen Gewinn bringend)
gewiß	**gewiss**
Ginkgo	**Ginkgo**, *auch* **Ginko**
glatthobeln	**glatt hobeln**/gehen/kämmen/
	schleifen …
gleich	
gleichdenkend	gleich denkend/lautend …
der/die/das gleiche	der/die/das Gleiche
(*derselbe/dieselbe/dasselbe*)	
auf das/aufs gleiche hinaus-	auf das/aufs Gleiche hinaus-
kommen	kommen

alte Schreibung	neue Schreibung
ins gleiche bringen *(in Ordnung bringen)*	ins Gleiche bringen
gleich und gleich [gesellt sich gern]	Gleich und Gleich
glückbringend	**Glück bringend**/verheißend
glühendheiß	**glühend heiß**
ein glühendheißes Eisen	ein glühend heißes Eisen
golden	
das Goldene Zeitalter	das goldene Zeitalter
der Goldene Schnitt	der goldene Schnitt
goß (*zu* gießen)	**goss**
Grammophon	**Grammophon**, *auch* **Grammofon**
Grand Slam	**Grandslam**, *auch* **Grand Slam**
Graphie	**Graphie**, *auch* **Grafie**
Graphik/Grafik	**Grafik**, *auch* **Graphik**
graphisch/grafisch	grafisch, *auch* graphisch
Graphit	**Graphit**, *auch* **Grafit**
Graphologe	**Graphologe**, *auch* **Grafologe**
gräßlich	**grässlich**
grau *usw. vgl.* blau *usw.*	
grauenerregend	**Grauen erregend**
grellbeleuchtet	**grell beleuchtet**
die grellbeleuchtete Bühne	die grell beleuchtete Bühne
Greuel	**Gräuel**
Greueltat	Gräueltat
greulich	gräulich
Grislybär/Grizzlybär	**Grislibär,** *auch* **Grizzlybär**
grob	
aus dem groben [arbeiten]	aus dem Groben [arbeiten]
auf das/aufs gröbste	auf das/aufs gröbste/Gröbste
groß	
großangelegt	**groß angelegt**
ein großangelegter Plan	ein groß angelegter Plan
großschreiben *(besonders schätzen)*	**groß schreiben** *(in großer Schrift schreiben; besonders schätzen)*
groß schreiben *(mit großem Anfangsbuchstaben schreiben)*	**großschreiben** *(mit großem Anfangsbuchstaben schreiben)*
das größte wäre, wenn … *(am besten)*	das Größte wäre, wenn …
um ein großes [verteuert] *(viel)*	um ein Großes [verteuert]
im großen [und im kleinen] *(im großen Stil)*	im Großen [und im Kleinen]
im großen [und] ganzen	im Großen und Ganzen *(aber:* im großen Ganzen)
der große Teich *(Atlantik)*	der Große Teich

alte Schreibung	neue Schreibung

groß und klein *(jedermann)*
grün *usw. vgl.* blau *usw.*
grün-blau *usw.*
  (grün und blau)
Grund
  zugrunde [gehen]
 	
Gunst
  zugunsten *(aber:* zu seinen Gunsten)
gut
  gutgehen *(sich wohl befinden)*
 	
  gutgemeint
 	
  im guten [wie im bösen]
  jenseits von Gut und Böse
  jemandem guten Tag sagen
	Groß und Klein
	
	grünblau/grün-blau *usw.*
	
	  zugrunde/zu Grunde [gehen/
	  richten …]
	
	  zugunsten/zu Gunsten
	
	  gut gehen/finden/tun …
	    (aber: gutschreiben *(anrechnen))*
	  gut gemeint/aussehend/bezahlt/
	  dotiert/gelaunt/gehend …
	  im Guten [wie im Bösen]
	  jenseits von gut und böse
	  jemandem Guten Tag/guten Tag
	  sagen

H

haftenbleiben
Hair-Stylist
halbblind
 	
haltmachen
[laut] Halt rufen
Hämorrhoiden
Hand
  eine Handvoll [Heu]
handeltreibend
  der/die Handeltreibende
 	
Handout
hängenlassen
  (jemanden im Stich lassen)
Happy-End
Haraß
Hard cover
  Hard-cover-Einband
Hard Rock
hartgekocht
	haften bleiben
	Hairstylist
	halb blind/fertig/leer/links/offen/
	  roh/verhungert …
	  (in Opposition zu „ganz")
	Halt machen
	[laut] Halt/halt rufen
	Hämorrhoiden, *auch* **Hämorriden**
	
	  eine Hand voll [Heu]
	Handel treibend
	  der/die Handel Treibende/Handel-
	  treibende
	Hand-out, *auch* **Handout**
	hängen lassen/bleiben
	
	Happyend, *auch* **Happy End**
	Harass
	Hardcover, *auch* **Hard Cover**
	  Hardcovereinband
	Hardrock, *auch* **Hard Rock**
	hart gekocht/gesotten …

alte Schreibung	neue Schreibung
Haß	**Hass**
haßte, gehaßt (*zu* hassen)	**hasste, gehasst**
haßt!	hasst!
häßlich	**hässlich**
haus/Haus	
haushalten	**Haus halten/haushalten**
er hält haus	er hält Haus/er haushaltet
nach Hause	nach Hause, *österr., schweiz.*
	auch nachhause
zu Hause	zu Hause, *österr., schweiz.*
	auch zuhause
heiligsprechen	**heilig sprechen**
heißersehnt	**heiß ersehnt**/geliebt …
die heißersehnte Ankunft	die heiß ersehnte Ankunft
helleuchtend	**hell leuchtend**/lodernd/strahlend …
ein helleuchtender Stern	ein hell leuchtender Stern
(*aber:* ein auffallend hell	
leuchtender Stern)	
hellicht	**helllicht**
herzlich	
auf das/aufs herzlichste	auf das/aufs herzlichste/Herzlichste
hierbleiben (*nicht weggehen*)	**hier bleiben**/lassen/sein …
hierherkommen	**hierher kommen**
hierzulande	**hierzulande**/hier zu Lande
High-Fidelity	**Highfidelity**, *auch* **High Fidelity**
High-riser	**Highriser**, *auch* **High Riser**
High-Society	**Highsociety**, *auch* **High Society**
High-Tech	**Hightech**, *auch* **High Tech**
High-Tech-Industrie	Hightechindustrie, *auch*
	High-Tech-Industrie
Hilfe	
hilfesuchend	**Hilfe suchend**/bringend …
der/die Hilfesuchende	der/die Hilfe Suchende/Hilfe-
	suchende
mit Hilfe	mit Hilfe/mithilfe
Hillbilly-music	**Hillbillymusic,**
	auch **Hillbillimusik**
hintereinandergehen	**hintereinander gehen**/schalten/
(*wenn „hintereinander" den*	schreiben …
Vorgang nur näher bezeichnet)	
hißt, hißte, gehißt (*zu* hissen)	**hisst, hisste, gehisst**
hoch/Hoch	
auf das/aufs höchste	auf das/aufs höchste/Höchste
hochachten (*schätzen*)	**hoch achten**
hoch und nieder	**Hoch und Nieder**

alte Schreibung	neue Schreibung
hoch und niedrig *(jedermann)*	**Hoch und Niedrig**
der Hohepriester	der Hohe Priester
das Hohelied	das Hohe Lied
hofhalten	**Hof halten**
er hält hof	er hält Hof
hohnlachen	**Hohn lachen**/sprechen
sie lacht hohn	sie lacht/spricht Hohn
homophon	**homophon**, *auch* **homofon**
honigschleckend	**Honig schleckend**
Hosteß	**Hostess**
Hot dog	**Hotdog**, *auch* **Hot Dog**
Hot Jazz	**Hotjazz**, *auch* **Hot Jazz**
Hot pants	**Hotpants**, *auch* **Hot Pants**
hundert *(als einfaches Zahlwort)*	**hundert/Hundert**
mehrere hundert Menschen	mehrere hundert/Hundert Menschen
Hunderte	**hunderte/Hunderte**
Hunderte von armen Kindern	hunderte/Hunderte von armen Kindern
Hunderte armer Kinder	hunderte/Hunderte armer Kinder
hundertprozentig	
(bei Schreibung mit Ziffern:)	
100prozentig	100-prozentig
hundertste/Hundertste	
der/die/das hundertste	der/die/das Hundertste
Hungers sterben	**hungers sterben**
hurra schreien	**hurra/Hurra schreien**
Huskies/Huskys	**Huskys**
(Plural von Husky*)*	

I

i. allg. *(im allgemeinen)*	**i. Allg.**
ibero-amerikanisch	**iberoamerikanisch**
(zwischen Spanien, Portugal und	
Lateinamerika bestehend)	
Ich-Erzähler	**Icherzähler/Ich-Erzähler**
Ichform	**Ichform/Ich-Form**
Ichgefühl	**Ichgefühl/Ich-Gefühl**
Ich-Laut	**Ichlaut/Ich-Laut**
Ichsucht	**Ichsucht/Ich-Sucht**
ihr/Ihr	
Ihr, Euer, Euch *(in der Anrede)*	ihr, euer, euch

alte Schreibung	neue Schreibung
das Ihre	das Ihre/ihre
das Ihrige	das Ihrige/ihrige
die Ihren	die Ihren/ihren
die Ihrigen	die Ihrigen/ihrigen
im allgemeinen *(gewöhnlich)*	**im Allgemeinen**
im argen liegen	**im Argen liegen**
im besonderen	**im Besonderen**
im bisherigen	**im Bisherigen**
Imbiß	**Imbiss**
im bösen	**im Bösen**
im guten wie im bösen	im Guten wie im Bösen
im dunkeln tappen	**im Dunkeln tappen**
(nicht Bescheid wissen)	
im einzelnen	**im Einzelnen**
[nicht] im entferntesten	**[nicht] im Entferntesten**
im folgenden *(weiter unten)*	**im Folgenden**
im geheimen	**im Geheimen**
im gesamten *(insgesamt)*	**im Gesamten**
im großen [und] ganzen	**im Großen und Ganzen**
	(aber: im großen Ganzen)
im großen [und im kleinen]	**im Großen [und im Kleinen]**
(im großen Stil)	
im guten [wie im bösen]	**im Guten [wie im Bösen]**
im kleinen	**im Kleinen**
im großen und im kleinen	im Großen und im Kleinen
(nicht im großen Stil)	
im klaren [sein] *(Klarheit haben)*	**im Klaren** [sein]
im nachfolgenden *(weiter unten)*	**im Nachfolgenden**
im nachhinein	**im Nachhinein**
im nebenstehenden *(hierneben)*	**im Nebenstehenden**
im obenstehenden *(oben)*	**im oben Stehenden/Oben-**
	stehenden
im obigen *(oben)*	**im Obigen**
im rohen [fertig] **sein** *(roh)*	**im Rohen** [fertig] **sein**
im sichern [sein] *(geborgen)*	**im Sichern** [sein]
im speziellen *(besonders)*	**im Speziellen**
imstande [sein]	**imstande/im Stande** [sein]
im stillen *(unbemerkt)*	**im Stillen**
[seine Schäfchen] im trock[e]nen	**[seine Schäfchen] im Trock[e]nen**
haben *(gesichert sein)*	**haben**
im trock[e]nen sein *(geborgen sein)*	**im Trock[e]nen sein**
im trüben fischen *(unlautere*	**im Trüben fischen**
Geschäfte machen)	
im übrigen *(sonst, ferner)*	**im Übrigen**
im umstehenden *(umstehend)*	**im Umstehenden**

alte Schreibung	neue Schreibung
im ungewissen bleiben *(ohne genaue Auskunft)*	**im Ungewissen bleiben**/lassen/sein
im verborgenen *(unbemerkt)*	**im Verborgenen**
im voraus	**im Voraus**
im vorausgehenden	**im Vorausgehenden**
im vorhergehenden	**im Vorhergehenden**
im vorhinein	**im Vorhinein**
in acht nehmen	**in Acht nehmen**
in bezug [auf]	**in Bezug [auf]**
Indizes *(Plural zu* Index *neben* Indexe*)*	**Indizes/Indices** *(neben* Indexe*)*
ineinanderfließen	**ineinander fließen**/greifen/schieben …
in folgendem *(weiter unten)*	**in Folgendem**
in Frage [kommen/stellen …]	**infrage/in Frage** [kommen/stellen…]
innesein	**inne sein**
in Null Komma nichts	**in null Komma nichts**
in Schuß [halten/haben …]	**in Schuss** [halten/haben …]
ins gleiche bringen *(in Ordnung* *bringen)*	**ins Gleiche bringen**
ins klare kommen *(Klarheit be-* *kommen)*	**ins Klare kommen**
ins reine [bringen/kommen/schreiben]	**ins Reine** [bringen/kommen/schreiben]
instand [setzen/halten …]	**instand/in Stand** [setzen/halten …]
[seine Schäfchen] ins trock[e]ne **bringen**	**[seine Schäfchen] ins Trock[e]ne** **bringen**
[bis] ins unermeßliche	**[bis] ins Unermessliche**
ins ungeheure [steigern]	**ins Ungeheure** [steigern]
ins volle [greifen] *(viel nehmen [können])*	**ins Volle** [greifen]
I-Punkt	**i-Punkt**
irgend etwas	**irgendetwas**
irgend jemand	**irgendjemand**
ißt *(zu* essen*)*	**isst**
iß! eßt!	iss! esst!
italienisch/Italienisch *vgl.* deutsch/Deutsch	
I-Tüpfelchen	**i-Tüpfelchen**

J

ja [und amen] sagen	**ja/Ja [und amen/Amen] sagen**
Jäheit	**Jähheit**
Jam Session	**Jamsession**

alte Schreibung	neue Schreibung
japanisch/Japanisch *vgl.* deutsch/Deutsch **Jaß** **Jet-set** **jiddisch/Jiddisch** *vgl.* deutsch/Deutsch **Job-sharing** **Joghurt/Yoghurt** **Joint-venture** **jung und alt** *(jedermann)* **Justitiar** justitiabel	 **Jass** **Jetset,** *auch* **Jet-set** **Jobsharing** **Joghurt,** *auch* **Jogurt** **Jointventure,** *auch* **Joint Venture** **Jung und Alt** **Justitiar/Justiziar** justitiabel/justiziabel

K

kahlfressen **Kalligraphie** **kalt** **kaltbleiben** *(unbeteiligt bleiben)* der kalte Krieg **Känguruh** **Karamel** **Kartographie** **Katarrh** **Keep-smiling** **kegelschieben** **kennenlernen** **keß** **Ketchup** **Kickdown** **Kick-off** **Kind** an Kindes Statt **King-size** **klar** klarsehen *(verstehen)* im klaren [sein] *(Klarheit haben)*	**kahl fressen**/scheren/schlagen … **Kalligraphie,** *auch* **Kalligrafie** **kalt bleiben**/lassen/machen/ stellen … *(aber:* kaltmachen *(ermorden)/*kaltstellen *(jemanden wirkungslos machen))* der Kalte Krieg *(zwischen Ost und West nach dem Zweiten Welt- krieg)* **Känguru** **Karamell** **Kartographie,** *auch* **Kartografie** **Katarrh,** *auch* **Katarr** **Keepsmiling** **Kegel schieben** **kennen lernen** **kess** **Ketschup,** *auch* **Ketchup** **Kick-down,** *auch* **Kickdown** **Kick-off,** *auch* **Kickoff** an Kindes statt **Kingsize** klar sehen/werden *(verständlich werden)/*denkend … im Klaren [sein]

alte Schreibung	neue Schreibung
ins klare kommen *(Klarheit be-kommen)*	ins Klare kommen
klasse/Klasse sein	**Klasse sein**
das ist klasse/Klasse	das ist Klasse
klebenbleiben *(in der Schule ...)*	**kleben bleiben**
klein	
kleingemustert	**klein gemustert**/kariert/gedruckt ...
ein kleingemusterter Stoff	ein klein gemusterter Stoff
das Kleingedruckte	das klein Gedruckte/Kleingedruckte
kleinschreiben *(gering schätzen)*	**klein schreiben** *(in kleiner Schrift schreiben; gering schätzen)*
klein schreiben *(mit kleinem Anfangsbuchstaben schreiben)*	**kleinschreiben** *(mit kleinem Anfangsbuchstaben schreiben)*
im [großen und im] kleinen	im [Großen und im] Kleinen
groß und klein *(jedermann)*	Groß und Klein
um ein kleines *(wenig)*	um ein Kleines
sich um ein kleines irren/ver-fehlen ...	sich um ein Kleines irren/ver-fehlen ...
klug	
klugreden *(alles besser wissen wollen)*	**klug reden**
das klügste sein *(am klügsten sein)*	das Klügste sein
Knockout	**Knock-out,** *auch* **Knockout**
kochendheiß	**kochend heiß**
kochendheißes Wasser	kochend heißes Wasser
Kolophonium	**Kolophonium,** *auch* **Kolofonium**
Koloß	**Koloss**
Kommiß	**Kommiss**
Kommuniqué	**Kommuniqué,** *auch* **Kommunikee**
Kompaß	**Kompass**
Kompromiß	**Kompromiss**
Komteß	**Komtess**
Kongreß	**Kongress**
kopfstehen	**Kopf stehen**/stehend
krank schreiben	**krankschreiben**
krank melden	krankmelden
kraß	**krass**
Krem/Creme	**Creme,** *auch* **Krem/Kreme**
kriegführend	**Krieg führend**
der/die Kriegführende	der/die Krieg Führende/Kriegfüh-rende
kroß	**kross**
krummnehmen	**krumm nehmen** *(aber:* krummlachen)
Kumys/Kumyß	**Kumys/Kumyss**
kunstliebend	**Kunst liebend**
Küraß	**Kürass**

alte Schreibung	neue Schreibung
kurz den kürzeren ziehen *(der/die Benach- teiligte sein)* [etwas] des kürzeren [erklären] *(kurz)* **Kuß** **küßte, geküßt** *(zu küssen)* küß! küßt!	den Kürzeren ziehen [etwas] des Kürzeren [erklären] **Kuss** **küsste, geküsst** küss! küsst!

L

Ladys, *auch* **Ladies** *(Plural von* Lady) **lahmlegen** **Lamé** **Land** dortzulande hierzulande bei uns zulande *(daheim)* **lang** **langgehegt** ein langes und breites *(viel)* des/eines langen und breiten *(viel, ausführlich)* des/eines länger[e]n [und breiter[e]n] *(viel, ausführlich)* **läßt** *(zu lassen)* laß! laßt! **läßlich** **Laßheit** **Last** zu Lasten **laubtragend** **laufen** auf dem laufenden [sein] **Layout** **lebenspendend** **leerlaufen** *(auslaufen)* **leicht** **leichtbehindert** der/die Leichtbehinderte **leichtfallen** [k]ein leichtes sein	**Ladys** **lahm legen** **Lamé,** *auch* **Lamee** dortzulande/dort zu Lande hierzulande/hier zu Lande bei uns zulande/bei uns zu Lande lang gehegt/gestielt/gestreckt ... ein Langes und Breites des/eines Langen und Breiten des/eines Länger[e]n [und Breiter[e]n] **lässt** lass! lasst! **lässlich** **Lassheit** zu Lasten/zulasten **Laub tragend** auf dem Laufenden [sein] **Lay-out,** *auch* **Layout** **Leben spendend** **leer laufen**/stehend ... **leicht behindert**/entzündlich ... der/die leicht Behinderte/Leicht- behinderte **leicht fallen**/machen ... [k]ein Leichtes sein

41

alte Schreibung	neue Schreibung
leid/Leid	
leid tun	**Leid tun**/tragend
der/die Leidtragende	der/die Leid Tragende/Leidtragende
zuleide [tun]	zuleide/zu Leide [tun]
letzte/Letzte	
der/die/das letzte *(der Reihe nach)*	der/die/das Letzte
als letztes *(zuletzt)*	als Letztes
bis ins letzte *(ganz genau)*	bis ins Letzte
bis zum letzten *(sehr)*	bis zum Letzten
fürs letzte *(zuletzt)*	fürs Letzte
am letzten *(zuletzt)*	am Letzten
der Letzte Wille	der letzte Wille
letztere/Letztere	
der/die/das letztere	der/die/das Letztere
letzterer, letztere, letzteres	Letzterer, Letztere, Letzteres
leuchtendrot	**leuchtend rot**/gelb …
leuchtendrote Strümpfe	leuchtend rote Strümpfe
liebhaben	**lieb haben**/behalten/gewinnen
liegenlassen *(vergessen, nicht beachten)*	**liegen lassen**/bleiben
	(aber: das Liegenlassen)
Light-Show	**Lightshow**
Lip gloss	**Lipgloss**
Lithographie	**Lithographie,** *auch* **Lithografie**
Live-Show	**Liveshow**
Lizentiat	**Lizenziat,** *auch* **Lizentiat**
Lobbys/Lobbies	**Lobbys**
(Plural von Lobby)	
Löß	**Löss/Löß**
Love-Story	**Lovestory**

M

mal/Mal	
das erstemal	das erste Mal
das letztemal	das letzte Mal
zum achtenmal	zum achten Mal
einigemal	einige Mal
etlichemal	etliche Mal
mehreremal	mehrere Mal
dutzendmal	Dutzend Mal
millionenmal	Millionen Mal
Malaise	**Malaise,** *auch* **Maläse**
maschineschreiben	**Maschine schreiben**

alte Schreibung	neue Schreibung
maßhalten *(sich mäßigen)*	**Maß halten**
maßhaltend	**Maß haltend**
Matrizes *(Plural von* Matrix *neben* Matrizen)	**Matrizes/Matrices** *(neben* Matrizen)
mein/Mein	
das Meine	das Meine/meine
das Meinige	das Meinige/meinige
die Meinen	die Meinen/meinen
die Meinigen	die Meinigen/meinigen
mein und dein [nicht] unterscheiden	Mein und Dein [nicht] unterscheiden
ein Streit über mein und dein	ein Streit über Mein und Dein
an meiner Statt	an meiner statt
menschenmöglich	
das/alles menschenmögliche [tun ...] *(alles)*	das/alles Menschenmögliche [tun ...]
Mesner *(neben* Mesmer)	**Mesner/Messner** *(neben* Mesmer)
Meßergebnis *(zu* messen)	**Messergebnis**
meßt! *(zu* messen) *vgl.* mißt	
metallverarbeitend	**Metall verarbeitend**
Midlife-crisis	**Midlifecrisis**, *auch* **Midlife-Crisis**
miesmachen	**mies machen**
mindeste/Mindeste	
[nicht] das mindeste *(gar nichts)*	[nicht] das Mindeste/mindeste
[nicht] im mindesten *(gar nicht)*	[nicht] im Mindesten/mindesten
minuziös, *auch* **minutiös**	**minutiös**, *auch* **minuziös**
mißachten	**missachten**
Mißgunst, -trauen ...	**Missgunst**, -trauen ...
mißhellig	**misshellig**
mißlich	**misslich**
mißt *(zu* messen)	**misst**
miß! meßt!	miss! messt!
mit Hilfe	**mit Hilfe/mithilfe**
mitleiderregend	**Mitleid erregend**
mittag/Mittag *usw. vgl.* abend/ Abend *usw.*	
mitternacht/Mitternacht *usw. vgl.* abend/Abend usw.	
Mittwoch *usw. vgl.* Dienstag *usw.*	
Mixed Pickles *(neben* Mixpickles)	**Mixedpickles**, *auch* **Mixed Pickles** *(neben* Mixpickles)
Modern Jazz	**Modernjazz**, *auch* **Modern Jazz**
möglich	
das mögliche [tun] *(alles)*	das Mögliche [tun]

alte Schreibung	neue Schreibung
alles mögliche [tun] *(viel, allerlei)* sein möglichstes [tun] *(alles)* **Monographie** **Montag** *usw. vgl.* Dienstag *usw.* **Mop** **morgen/Morgen** *usw. vgl.* abend/ Abend *usw.* **Moto-Cross** **Multiple-choice-Verfahren** **mündigsprechen** **muß, mußte, gemußt** *(zu* müssen) das/ein Muß **müßiggehen** **musikliebend** **Mut** zumute [sein] **Myrrhe**	alles Mögliche [tun] sein Möglichstes [tun] **Monographie,** *auch* **Monografie** **Mopp** **Motocross,** *auch* **Moto-Cross** **Multiplechoiceverfahren,** *auch* **Multiple-Choice-Verfahren** **mündig sprechen** **muss, musste, gemusst** das/ein Muss **müßig gehen** **Musik liebend** zu Mute/zumute [sein] **Myrrhe,** *auch* **Myrre**

N

nach Hause **nachfolgend** **nachfolgendes** das nachfolgende *(dieses)* im nachfolgenden *(weiter unten)* **nachhinein** im nachhinein **nachmittag/Nachmittag** *usw. vgl.* abend/Abend *usw.* **nächste/Nächste** der/die/das nächste der nächste, bitte! das nächste wäre … als nächstes *(darauf)* **nacht/Nacht** *usw. vgl.* abend/ Abend *usw.* **nahe** **nahebringen** *(vertraut machen)* des näheren [erklären] **nämlich** der/die/das nämliche	**nach Hause,** *österr., schweiz.* *auch* nachhause **Nachfolgendes** das Nachfolgende im Nachfolgenden im Nachhinein der/die/das Nächste der Nächste, bitte! das Nächste wäre … als Nächstes **nahe bringen**/gehen/legen/ liegend/stehen/stehend … des Näheren [erklären] der/die/das Nämliche

alte Schreibung	neue Schreibung
Narziß Narzißmus, Narzißt, narzißtisch **naß** naßkalt, Naßrasur … näßt, genäßt *(zu* nässen) naßgeschwitzt **nebeneinanderlegen** **nebenstehend** **nebenstehendes** *(dieses)* das nebenstehende *(dieses)* im nebenstehenden *(hierneben)* **Necessaire** **Negligé** **Negro Spiritual** **nein sagen** **neu** neueröffnet ein neueröffnetes Café aufs neue **neun** *usw. vgl.* acht *usw.* **neunzig** *usw. vgl.* achtzig *usw.* **New Age** **New Look** **nichtssagend** *(bei Betonung von „nichts")* **nieder/Nieder** hoch und nieder *(jedermann)* **niederländisch/Niederländisch** *vgl.* deutsch/Deutsch **niedrig/Niedrig** hoch und niedrig *(jedermann)* **niedriggesinnt** die niedriggesinnten Gegner **No-future-Generation** **norwegisch/Norwegisch** *vgl.* deutsch/Deutsch **not/Not** **notleidend** der/die Notleidende **not sein/tun/werden** es ist/tut not **null/Null** auf Null stehen unter Null sinken in Null Komma nichts	**Narziss** Narzissmus, Narzisst, narzisstisch **nass** nasskalt, Nassrasur … nässt, genässt nass geschwitzt **nebeneinander legen**/sitzen/stellen… **Nebenstehendes** das Nebenstehende im Nebenstehenden **Necessaire,** *auch* **Nessessär** **Negligee,** *auch* **Negligé** **Negrospiritual** **nein/Nein sagen** neu eröffnet ein neu eröffnetes Café aufs Neue **Newage,** *auch* **New Age** **Newlook,** *auch* **New Look** **nichts sagend**/ahnend Hoch und Nieder Hoch und Niedrig **niedrig gesinnt**/stehend … die niedrig gesinnten Gegner **No-Future-Generation** **Not leidend** der/die Not Leidende/Notleidende **Not sein/tun/werden** es ist/tut Not auf null stehen unter null sinken in null Komma nichts

alte Schreibung	neue Schreibung
numerieren **Nuß** Nüßchen, Nußbaum … **Nutz** zunutze [machen]	**nummerieren** **Nuss** Nüsschen, Nussbaum … zunutze/zu Nutze [machen]

O

O-beinig **oben** **obenerwähnt** *(bereits genannt)* der obenerwähnte Titel das Obenerwähnte **obenstehendes** *(dieses)* im obenstehenden *(oben)* **obig** im obigen *(oben)* **offenbleiben** **O-förmig** **oft** des öft[e]ren *(oft)* **Op-art** **Open air** Open-air-Festival **Open-end-Diskussion** **orange** *usw. vgl.* blau *usw.* **Ordonnanz** **Orthographie**	**o-beinig/O-beinig** **oben erwähnt**/stehend/genannt der oben erwähnte Titel das oben Erwähnte/das Obenerwähnte **oben Stehendes/Obenstehendes** im oben Stehenden/im Obenstehenden im Obigen **offen bleiben**/halten/lassen/legen/stehen **o-förmig/O-förmig** des Öft[e]ren **Op-Art** **Openair**, *auch* **Open Air** Openairfestival, *auch* Open-Air-Festival **Openenddiskussion**, *auch* **Open-End-Diskussion** **Ordonnanz**, *auch* **Ordonanz** **Orthographie**, *auch* **Orthografie**

P

Panther **Pappmaché** **Paragraph** **parallellaufend** **Paranuß** **Partys/Parties** *(Plural von* Party)	**Panther**, *auch* **Panter** **Pappmaschee**, *auch* **Pappmaché** **Paragraph**, *auch* **Paragraf** **parallel laufend** **Paranuss** **Partys**

alte Schreibung	neue Schreibung
Paß	**Pass**
passé	**passee,** *auch* **passé**
paßt, paßte, gepaßt (*zu* passen)	**passt, passte, gepasst**
paß auf! paßt auf!	pass auf! passt auf!
Peep-Show	**Peepshow**
Personality-Show	**Personalityshow**
Phantasie, *auch* **Fantasie**	**Fantasie** *(Musikstück nur so), auch*
(Musikstück nur so)	**Phantasie**
Phon	**Phon,** *auch* **Fon**
Phonzahl	Phonzahl, *auch* Fonzahl
phono ...	**phono ...,** *auch* **fono ...**
phonographisch	phonografisch, *auch* fonografisch/
	phonographisch
usw.	*usw.*
Phono ...	**Phono ...,** *auch* **Fono ...**
Phonogramm	Phonogramm, *auch* Fonogramm
Phonometrie	Phonometrie, *auch* Fonometrie
Phonotechnik	Phonotechnik, *auch* Fonotechnik
Phonothek	Phonothek, *auch* Fonothek
usw.	*usw.*
photo ..., *auch* **foto ...**	**foto ...,** *auch* **photo ...**
photochemisch	fotochemisch, *auch* photochemisch
photomechanisch	fotomechanisch, *auch* photomecha-
	nisch
photoelektrisch	fotoelektrisch, *auch* photoelektrisch
phototrop, *auch* fototrop *usw.*	fototrop, *auch* phototrop *usw.*
Photo ..., *auch* **Foto ...**	**Foto ...,** *auch* **Photo ...**
Photochemie	Fotochemie, *auch* Photochemie
Photoeffekt	Fotoeffekt, *auch* Photoeffekt
Photometrie	Fotometrie, *auch* Photometrie
Photosphäre	Fotosphäre, *auch* Photosphäre
usw.	*usw.*
plazieren/placieren	**platzieren**
Platitüde	**Plattitüde,** *auch* **Platitude**
Playback	**Play-back,** *auch* **Playback**
pleite gehen	**Pleite gehen** (*aber:* pleite sein)
polnisch/Polnisch	
vgl. deutsch/Deutsch	
polyphon	**polyphon,** *auch* **polyfon**
Pop-art	**Pop-Art**
Pontifizes (*Plural von* Pontifex)	**Pontifizes,** *auch* **Pontifices**
Pornographie	**Pornografie,** *auch* **Pornographie**
Portemonnaie	**Portmonee,** *auch* **Portemonnaie**
portugiesisch/Portugiesisch	
vgl. deutsch/Deutsch	

alte Schreibung	neue Schreibung

Potential
  potentiell
präferentiell
preßt, gepreßt (*zu* pressen)
  preß! preßt!
  Preßling, Preßluft, Preßwehe …
preziös
Prozeß
prunkliebend
Public Relations
 	
punkt acht Uhr
pushen
	Potenzial, *auch* **Potential**
	  potenziell, *auch* potentiell
	präferenziell, *auch* **präferentiell**
	presst, gepresst
	  press! presst!
	  Pressling, Pressluft, Presswehe …
	preziös, *auch* **pretiös**
	Prozess
	Prunk liebend
	Publicrelations, *auch* **Public**
	  Relations
	Punkt acht Uhr
	pushen, *auch* **puschen**

Q

quadrophon
Quentchen
quer
quergestreift
  ein quergestreifter Stoff
quergehen *(nicht wie vorgesehen*
  verlaufen)
Quickstep
	quadrophon, *auch* **quadrofon**
	Quäntchen
	
	quer gestreift
	  ein quer gestreifter Stoff
	quer gehen/legen/schießen …
	
	Quickstepp

R

radfahren
 	
Rand
  zu Rande kommen
Rat
  zu Rate ziehen
ratsuchend
  der/die Ratsuchende
rauh
  rauhbeinig, rauhhaarig,
  Rauhfaser, Rauhputz …
  (aber: Rauheit)
recht behalten
	Rad fahren/fahrend/schlagen/
	  schlagend
	
	  zu Rande/zurande kommen
	
	  zu Rate/zurate ziehen
	Rat suchend
	  der/die Rat Suchende/Ratsuchende
	rau
	  raubeinig, rauhaarig,
	  Raufaser, Rauputz …
	
	Recht behalten/bekommen/
	  erhalten/geben/haben …
	  (aber: ihr Tun bleibt recht (*richtig*);
	  er hat recht (*richtig*) gehandelt)

alte Schreibung	neue Schreibung
Rechtens sein etwas für Rechtens halten/erachten **Regreß** **reich/Reich** reichgeschmückt der reichgeschmückte Tisch arm und reich **rein** reingolden ein reingoldener Becher ins reine bringen [mit jemandem/etwas] im reinen sein **richtig** richtiggehend eine richtiggehende Uhr er hat immer richtiggelegen *(sich richtig verhalten)* einen Irrtum richtigstellen *(be- richtigen)* das [einzig] richtige sein *(richtig)* [für] das richtigste [halten/sein] *(richtig)* **richtigmachen** *(berichtigen)* **Riß** **riß** *(zu* reißen*)* rißfest, Rißpilz **roh** *(unbearbeitet)* aus dem rohen arbeiten im rohen [fertig] sein *(roh)* **Roheit** **rosigweiß** **Rommé** **Roß** Rößl, Rößlein, Rößchen **rot** *usw. vgl.* blau *usw.* **rotglühend** **rot-blau** *(rot und blau) usw.* **rote Be[e]te**	**rechtens sein** etwas für rechtens halten/erachten **Regress** reich geschmückt/verziert ... der reich geschmückte Tisch Arm und Reich rein golden/seiden ..., *auch* reingolden/reinseiden ... ein rein goldener/reingoldener Becher ins Reine bringen/kommen/ schreiben [mit jemandem/etwas] im Reinen sein richtig gehend eine richtig gehende Uhr *(aber:* richtiggehend *(ausge- sprochen)*: eine richtiggehende Verschwörung) er hat immer richtig gelegen einen Irrtum richtig stellen das [einzig] Richtige sein [für] das Richtigste [halten/sein] **richtig machen** **Riss** **riss** rissfest, Risspilz aus dem Rohen arbeiten im Rohen [fertig] sein **Rohheit** **rosig weiß** **Rommee,** *auch* **Rommé** **Ross** Rössl, Rösslein, Rösschen **rot glühend** **rotblau/rot-blau** *usw.* **Rote Be[e]te**

alte Schreibung	neue Schreibung
Round-table Round-table-Konferenz	**Roundtable,** *auch* **Round Table** Roundtablekonferenz, *auch* Round- Table-Konferenz
Rowdies, *auch* **Rowdys** (*Plural von* Rowdy)	**Rowdys**
rückwärtsgehen (*sich verschlechtern*) **ruhenlassen** (*[vorläufig] nicht bearbeiten*) **ruhigstellen** (*zur Ruhe bringen*) **rumänisch/Rumänisch** *vgl.* deutsch/Deutsch	**rückwärts gehen** **ruhen lassen** **ruhig stellen**
Rush-hour **russisch/Russisch** *vgl.* deutsch/Deutsch	**Rushhour**

S

Safer Sex	**Safersex,** *auch* **Safer Sex**
Saisonnier	**Saisonnier,** *auch* **Saisonier**
Sales-promotion	**Salespromotion**
Samstag *usw. vgl.* Dienstag *usw.*	
sauberhalten	**sauber halten**/machen
Saxophon	**Saxophon,** *auch* **Saxofon**
Schande zuschanden machen	zu Schanden/zuschanden machen/ gehen/werden
schätzenlernen (*den Wert einer Person* *oder Sache erkennen*)	**schätzen lernen**
schattenspendend	**Schatten spendend**
scheckigbraun	**scheckig braun**
scheelblickend	**scheel blickend**
Schenke Schenkwirtschaft (*neben* Schankwirtschaft)	**Schenke/Schänke** Schenkwirtschaft/Schänkwirtschaft (*neben* Schankwirtschaft)
schiefgehen (*nicht gelingen*)	**schief gehen**/laufen … (*aber:* schieflachen)
Schiß	**Schiss**
schiß (*zu* scheißen)	**schiss**
Schlag/*schweiz., österr.:* schlag [acht Uhr]	**Schlag** [acht Uhr]
Schlammasse	**Schlammmasse**
schlechtberaten ein schlechtberatener Kunde	**schlecht beraten**/bezahlt/gehen/ gelaunt/machen ein schlecht beratener Kunde

alte Schreibung	neue Schreibung

alte Schreibung

Schlegel/*bergmännisch:* Schlägel
schlimm
  das schlimmste sein
  es ist/wäre das schlimmste, daß/
  wenn … *(sehr schlimm)*
  auf das/aufs schlimmste [zuge-
  richtet werden]

schloß (*zu* schließen)
Schloß
  Schlößchen
Schluß
schlußfolgern
Schmiß
  schmiß (*zu* schmeißen)
schmutziggrau
schnellebig
schneuzen
schoß (*zu* schießen)
Schoß *(Pflanzentrieb)*
  Schößling
schräglaufend
schrecklich
  das schrecklichste sein
  es ist/wäre das schrecklichste,
  daß/wenn … *(sehr schrecklich)*
  auf das/aufs schrecklichste [zuge-
  richtet werden] *(sehr schrecklich)*

schuld/Schuld
schuld geben
  zuschulden kommen lassen

Schuß
  in Schuß [halten/haben …]
  schußfertig
  Schußstärke …
schußlig (*neben* schusselig)
schwachbegabt

  ein schwachbegabter Spieler
schwarz *usw. vgl.* blau *usw.*
  schwarz-weiß [malen]
  (schwarz auf/und weiß)

neue Schreibung

Schlägel
  das Schlimmste sein
  es ist/wäre das Schlimmste,
  dass/wenn …
  auf das/aufs schlimmste/Schlimmste
  [zugerichtet werden] *(aber nur:* auf
  das/aufs Schlimmste gefasst sein)
schloss
Schloss
  Schlösschen
Schluss
schlussfolgern
Schmiss
  schmiss
schmutzig grau/gelb …
schnelllebig
schnäuzen
schoss
Schoss
  Schössling
schräg laufend

  das Schrecklichste sein
  es ist/wäre das Schrecklichste,
  dass/wenn …
  auf das/aufs schrecklichste/
  Schrecklichste [zugerichtet
  werden] *(aber nur:* auf das/aufs
  Schrecklichste gefasst sein)

Schuld geben/haben
  zu Schulden/zuschulden kommen
  lassen
Schuss
  in Schuss [halten/haben …]
  schussfertig
  Schussstärke …
schusslig (*neben* schusselig)
schwach begabt/betont/bevölkert/
  bewegt
  ein schwach begabter Spieler

  schwarzweiß/schwarz-weiß [malen]

alte Schreibung	neue Schreibung
aus schwarz weiß machen [wollen]	aus Schwarz Weiß machen [wollen]
das Schwarze Brett	das schwarze Brett
die Schwarze Kunst	die schwarze Kunst
der Schwarze Peter	der schwarze Peter
der Schwarze Tod	der schwarze Tod
schwedisch/Schwedisch	
vgl. deutsch/Deutsch	
schwerbehindert	**schwer behindert**/beschädigt/
	fallen/nehmen …
der/die Schwerbehinderte	der/die schwer Behinderte/Schwer-
	behinderte (*aber:* schwerst-
	behindert, der/die Schwerst-
	behinderte)
schwindelerregend	**Schwindel erregend**
Science-fiction	**Sciencefiction**
sechs *usw. vgl.* acht *usw.*	
sechzig *usw. vgl.* achtzig *usw.*	
See-Elefant	**Seeelefant/See-Elefant**
segenspendend	**Segen spendend**/bringend
seinlassen *(nicht tun)*	**sein lassen**
seine/Seine	
jedem das Seine	jedem das Seine/seine
jedem das Seinige	jedem das Seinige/seinige
[für] die Seinen [sorgen]	[für] die Seinen/seinen [sorgen]
[für] die Seinigen [sorgen]	[für] die Seinigen/seinigen
	[sorgen]
Seismograph	**Seismograph**, *auch* **Seismograf**
Seite	
auf seiten	auf Seiten/aufseiten
von seiten	von Seiten/vonseiten
zu seiten (*aber:* zur Seite)	zu Seiten/zuseiten
selbstgebacken	**selbst gebacken**/geschneidert/
	gestrickt …
selbständig	**selbständig/selbstständig**
seligpreisen	**selig preisen**/sprechen
Séparée	**Séparée**, *auch* **Separee**
sequentiell	**sequenziell**, *auch* **sequentiell**
seßhaft	**sesshaft**
Sex-Appeal	**Sexappeal**
S-förmig	**s-förmig/S-förmig**
Shantys/Shanties (*Plural von* Shanty)	**Shantys**
Shooting-Star	**Shootingstar**
Shopping-Center	**Shoppingcenter**
Short story	**Shortstory**, *auch* **Short Story**
Showdown	**Show-down**, *auch* **Showdown**

alte Schreibung	neue Schreibung
Shrimp	**Shrimp/Schrimp**
sicher/Sicher	
das sicherste sein	das Sicherste sein
es ist das sicherste, wenn ...	es ist das Sicherste, wenn ...
im sichern sein *(geborgen)*	im Sichern sein
auf Nummer Sicher gehen	auf Nummer Sicher/sicher gehen
sitzenbleiben *(in der Schule nicht*	**sitzen bleiben**
versetzt werden)	
sieben *usw. vgl.* acht *usw.*	
die Sieben Raben/Weltwunder ...	die sieben Raben/Weltwunder ...
siebzig *usw. vgl.* achtzig *usw.*	
S-Laut	**s-Laut**
slowakisch/Slowakisch	
vgl. deutsch/Deutsch	
slowenisch/Slowenisch	
vgl. deutsch/Deutsch	
Small talk	**Smalltalk,** *auch* **Small Talk**
so daß, *österr.* sodaß	**sodass/so dass**
Soft-Eis	**Softeis**
Soft Drink	**Softdrink,** *auch* **Soft Drink**
Soft Rock	**Softrock,** *auch* **Soft Rock**
sogenannt *(abgekürzt* sog.)	**so genannt**
Sonderheit	
insonderheit	in Sonderheit
Sonnabend *usw. vgl.* Dienstag *usw.*	
Sonntag *usw. vgl.* Dienstag *usw.*	
sonst *(irgend)*	
sonstjemand	sonst jemand/was/wer/wie/wo/
	woher/wohin
sorbisch/Sorbisch	
vgl. deutsch/Deutsch	
Soufflé	**Soufflé,** *auch* **Soufflee**
soviel	**so viel**
das ist/bedeutet [doppelt]	das ist/bedeutet [doppelt]
soviel wie ...	so viel wie ...
soviel für heute (dieses)	so viel für heute
soviel [wie] du willst	so viel [wie] du willst
sowohl	
das Sowohl-Als-auch	das Sowohl-als-auch
Spaghetti	**Spaghetti,** *auch* **Spagetti**
spanisch/Spanisch	
vgl. deutsch/Deutsch	
spaßliebend	**Spaß liebend**
spazierengehen	**spazieren gehen**/fahren/führen/
	reiten

alte Schreibung	neue Schreibung
Speedwayrennen	**Speedwayrennen**, *auch* **Speedway-Rennen**
speziell	
im speziellen *(besonders)*	im Speziellen
spliß *(zu* spleißen)	**spliss**
sporttreibend	**Sport treibend**
Sproß	**Spross**
Sprößchen, Sprößlein, Sprößling	Sprösschen, Sprösslein, Sprössling
sproßte, gesproßt *(zu* sprießen)	**sprosste, gesprosst**
Square dance	**Squaredance**
Stand	
außerstand [setzen]	außerstand/außer Stand [setzen]
außerstande [sein]	außerstande/außer Stande [sein]
instand [setzen/halten ...]	instand/in Stand [setzen/halten...]
imstande [sein]	imstande/im Stande [sein]
zustande [bringen/kommen]	zustande/zu Stande [bringen/ kommen]
Standing ovations	**Standingovations**, *auch* **Standing Ovations**
starkbesiedelt	**stark besiedelt**/bevölkert ...
Statt/statt	
an [Eides ...] Statt	an [Eides ...] statt
statt dessen	**stattdessen**
staunenerregend	**Staunen erregend**
steckenbleiben	**stecken bleiben**/lassen
stehenbleiben	**stehen bleiben**/lassen
Stendel[wurz]	**Ständel[wurz]**
Stengel	**Stängel**
stengelig	stängelig
Stenographie, *auch* **Stenografie**	**Stenografie**, *auch* **Stenographie**
Stenograph, stenographisch, *auch* Stenograf, stenografisch	Stenograf, stenografisch, *auch* Stenograph, stenographisch
Step [tanzen]	**Stepp** [tanzen]
Stereophonie	**Stereophonie**, *auch* **Stereofonie**
stereophon(isch)	stereophon(isch), *auch* stereofon(isch)
Stewardeß	**Stewardess**
stiftengehen	**stiften gehen**
still	
stillbleiben	**still bleiben**/halten/sitzen/stehen *(aber:* stillhalten *(erdulden)/* stillsitzen *(unbeweglich sitzen)/* stillstehen *(außer Betrieb sein))*
im stillen *(unbemerkt)*	im Stillen
Stock-Car	**Stockcar**

alte Schreibung	neue Schreibung
Stopp, *(beim Tennis:)* **Stop**	**Stopp** *(auch beim Tennis)* *(aber:* stop! *auf Verkehrsschildern)*
Storys/Stories *(Plural von* Story)	**Storys**
strenggenommen	**streng genommen**/nehmen
Streß	**Stress**
Streßsituation	Stresssituation
Stukkateur	**Stuckateur**
Stuß	**Stuss**
substantiell	**substanziell,** *auch* **substantiell**

T

tabula rasa [machen]	**Tabula rasa** [machen]
Tag	
zutage [bringen …]	zutage/zu Tage [bringen/kommen/ fördern/treten]
Talk-Show	**Talkshow**
T-bone-Steak	**T-Bone-Steak**
Tea-Room	**Tearoom**
Tête-à-tête	**Tete-a-tete/Tête-à-tête**
Thunfisch	**Thunfisch,** *auch* **Tunfisch**
Tie-Break	**Tiebreak,** *auch* **Tie-Break**
Time-sharing	**Timesharing**
Tip	**Tipp**
Toe-loop	**Toeloop**
Tolpatsch	**Tollpatsch**
Topographie	**Topographie,** *auch* **Topografie**
top-secret	**topsecret**
Trekking	**Trekking,** *auch* **Trecking**
treuergeben	**treu ergeben**
trocken	
auf dem trock[e]nen sitzen *(in [finanzieller] Verlegenheit sein)*	auf dem Trock[e]nen sitzen
auf dem trock[e]nen sein *(festsitzen)*	auf dem Trock[e]nen sein
[seine Schäfchen] ins trock[e]ne bringen/im trock[e]nen haben *(sich wirtschaftlich sichern/gesichert sein)*	[seine Schäfchen] ins Trock[e]ne bringen/im Trock[e]nen haben
im trock[e]nen sein *(geborgen sein)*	im Trock[e]nen sein
tropfnaß	**tropfnass**
Troß	**Tross**

alte Schreibung	neue Schreibung
trüb[e]	
im trüben fischen	im Trüben fischen
(unlautere Geschäfte machen)	
tschechisch/Tschechisch	
vgl. deutsch/Deutsch	
tschüs!	**tschüs!/tschüss!**
türkisch/Türkisch	
vgl. deutsch/Deutsch	
Twostep	**Twostepp**
Typographie	**Typografie,** *auch* **Typographie**

U

u. ä. *(und ähnliches)*	**u. Ä.** *(und Ähnliches)*
übel	
übelgelaunt	**übel gelaunt**/beraten/gesinnt
der übelgelaunte Affe	der übel gelaunte Affe
übelnehmen	**übel nehmen**/tun/wollen
Überdruß	**Überdruss**
übereinanderlegen	**übereinander legen**/schreiben/
	stehen ...
überhandnehmen	**überhand nehmen**
Überschuß	**Überschuss**
überschwenglich	**überschwänglich**
übrig	
übrigbehalten	übrig behalten/bleiben/lassen ...
das/alles übrige *(andere)*	das/alles Übrige
im übrigen *(sonst, ferner)*	im Übrigen
ein übriges [tun]	ein Übriges [tun]
die/alle übrigen *(anderen)*	die/alle Übrigen
U-förmig	**u-förmig/U-förmig**
Ultima ratio	**Ultima Ratio**
um ein bedeutendes [größer ...]	**um ein Bedeutendes** [größer ...]
(sehr viel)	
um ein beträchtliches [größer ...]	**um ein Beträchtliches** [größer ...]
(sehr viel)	
um ein kleines *(wenig)*	**um ein Kleines**
sich um ein kleines irren/verfehlen ...	sich um ein Kleines irren/ver-
	fehlen ...
um so ..., *österr.* umso ...	**umso**
um so mehr, *österr.* umso mehr/	umso mehr
umsomehr	
um so weniger, *österr.* umso	umso weniger
weniger/umsoweniger	

alte Schreibung	neue Schreibung
umstehendes *(das, was auf der folgenden Seite steht)* im umstehenden *(umstehend)* **unbekannt** ein Verfahren gegen Unbekannt **unermeßlich** [bis] ins unermeßliche **ungarisch/Ungarisch** *vgl.* deutsch/Deutsch **ungeheuer** ins ungeheure [steigern …] **ungewiß** Ungewißheit im ungewissen bleiben *(ohne genaue Auskunft)* **ungezählte** [kamen …] **Ungunst** zuungunsten *(aber:* zu seinen Ungunsten) **unheilverkündend** **unklar** [sich] im unklaren [befinden/sein] **unpäßlich** **unrecht behalten**	**Umstehendes** im Umstehenden ein Verfahren gegen unbekannt **unermesslich** [bis] ins Unermessliche ins Ungeheure [steigern …] **ungewiss** Ungewissheit im Ungewissen bleiben/lassen/sein **Ungezählte** [kamen …] zuungunsten/zu Ungunsten **Unheil verkündend**/kündend/ bringend [sich] im Unklaren [befinden/sein] **unpässlich** **Unrecht behalten**/bekommen/ erhalten/geben/haben … *(aber:* sein Tun bleibt unrecht *(falsch);* sie hat unrecht *(falsch)* gehandelt)
unser/Unser das Uns[e]re das Unsrige die Uns[e]ren die Unsrigen **unten** **untenerwähnt** *(weiter unten genannt)* der untenerwähnte Titel das Untenerwähnte **untenstehendes** *(dieses)* im untenstehenden *(unten)* **unterderhand** **untereinanderlegen** **unzählige** [kamen]	das Uns[e]re/uns[e]re das Unsrige/unsrige die Uns[e]ren/uns[e]ren die Unsrigen/unsrigen **unten erwähnt**/stehend/genannt der unten erwähnte Titel das unten Erwähnte/Untenerwähnte **unten Stehendes/Untenstehendes** im unten Stehenden/Untenstehenden **unter der Hand** **untereinander legen**/schreiben/ stellen … **Unzählige** [kamen]

alte Schreibung	neue Schreibung

V

va banque spielen	Vabanque spielen, *auch* va banque spielen
Varieté	Varietee, *auch* Varieté
verbleuen	verbläuen
verborgen	
im verborgenen [blühen …]	im Verborgenen [blühen…]
(unbemerkt)	
verderbenbringend	Verderben bringend
Verdruß	Verdruss
verdroß (*zu* verdrießen)	verdross
vereinzelte [kamen …]	Vereinzelte [kamen …]
verfaßt (*zu* verfassen)	verfasst
verfaß! verfaßt!	verfass! verfasst!
vergißt (*zu* vergessen)	vergisst
vergiß! vergeßt!	vergiss! vergesst!
Vergißmeinnicht	Vergissmeinnicht
Verlaß	Verlass
verläßlich	verlässlich
verlorengehen	verloren gehen
verschieden	
verschiedene *(manche)* [kamen …]	Verschiedene [kamen …]
verschiedenste *(manche)* [kamen …]	Verschiedenste [kamen …]
verschiedenes *(manches)* [war unklar]	Verschiedenes [war unklar]
verschiedenstes *(manches)* [war zu hören]	Verschiedenstes [war zu hören]
verschliß (zu verschleißen)	verschliss
vertrauenerweckend	Vertrauen erweckend/bildend (*aber:* vertrauensbildend)
V-förmig	v-förmig/V-förmig
Vibraphon	Vibraphon, *auch* Vibrafon
vielbefahren	viel befahren/beschäftigt/besprochen …
eine vielbefahrene Strecke	eine viel befahrene Strecke
vier *usw. vgl.* acht *usw.*	
viertel	
um [drei] Viertel acht [Uhr]	um [drei] viertel acht [Uhr]
vierzig *usw. vgl.* achtzig *usw.*	
vis-à-vis	vis-a-vis/vis-à-vis
voll	
ins volle [greifen] *(viel nehmen [können])*	ins Volle [greifen]
aus dem vollen [schöpfen]	aus dem Vollen [schöpfen]

alte Schreibung	neue Schreibung
im vollen leben *(in Wohlstand)*	im Vollen leben
in die vollen gehen *(etwas mit Nachdruck betreiben)*	in die Vollen gehen
von seiten	**von Seiten/vonseiten**
voneinandergehen *(sich trennen)*	**voneinander gehen**
vorangehen	
im vorangehenden *(weiter oben)*	im Vorangehenden
voraus	
im voraus	im Voraus
zum voraus	zum Voraus
vorausgehen	
im vorausgehenden *(weiter oben)*	im Vorausgehenden
vorhergehen	
im vorhergehenden	im Vorhergehenden
vorhinein	
im vorhinein	im Vorhinein
vorliebnehmen	**vorlieb nehmen**
vormittag/Vormittag *vgl.* abend/Abend	
Vorschuß	**Vorschuss**
vorteilbringend	**Vorteil bringend**
vorwärtsblicken *(vorausschauen; optimistisch sein)*	**vorwärts blicken**/blickend/gehen/kommen

W

alte Schreibung	neue Schreibung
Wächte	**Wechte**
Waggon	**Waggon,** *auch* **Wagon**
Walkie-talkie	**Walkie-Talkie**
Walnuß	**Walnuss**
Walroß	**Walross**
wärmespendend	**Wärme spendend**
warmhalten	**warm halten**/machen/stellen …
wasserabweisend	**Wasser abweisend**
Weg	
zuwege [bringen]	zuwege/zu Wege [bringen]
weichgekocht	**weich gekocht**/gedünstet/geklopft/löten/machen …
weichgekochtes Fleisch	weich gekochtes Fleisch
weinliebend	**Wein liebend**
weiß *usw. vgl.* blau *usw.*	
weißblühend *usw.*	**weiß blühend** *usw.*
aus schwarz weiß machen [wollen]	aus Schwarz Weiß machen [wollen]
der Weiße Tod *(Tod durch Erfrieren)*	der weiße Tod

alte Schreibung	neue Schreibung
weit	
weitgehend/weitergehend	weit/weiter gehend
weitgereist	weit gereist
des weiteren	des Weiteren
im weiteren	im Weiteren
wenigbefahren	**wenig befahren**
eine wenigbefahrene Strecke	eine wenig befahrene Strecke
wesentlich	
im wesentlichen	im Wesentlichen
widereinanderstoßen	**widereinander stoßen**
Wiedersehen	
jemandem auf Wiedersehen sagen	jemandem Auf Wiedersehen/ auf Wiedersehen sagen
wieviel	**wie viel**
wildlebend	**wild lebend**/wachsend
wohlergehen	**wohl ergehen**/tun
Wunder	
wunder was [glauben]	Wunder was [glauben]
wundliegen	**wund liegen**/laufen
wußte, gewußt (*zu* wissen)	**wusste, gewusst**

X

X-beinig	**x-beinig/X-beinig**
X-förmig	**x-förmig/X-förmig**

Z

Zäheit	**Zähheit**
Zahlung	
an Zahlungs Statt	an Zahlungs statt
Zäpfchen-R	**Zäpfchen-r/Zäpfchen-R**
zartfühlend	**zart fühlend**/besaitet …
zehn *usw. vgl.* acht *usw.*	
Zeit/zeit	
eine Zeitlang (*aber:* eine kurze Zeit lang)	eine Zeit lang
zeitraubend	**Zeit raubend**/sparend/vergeudend
Zierat	**Zierrat**
zigtausende [kamen …]	**zigtausende/Zigtausende** [kamen…]
Zoo-Orchester	**Zooorchester/Zoo-Orchester**

alte Schreibung	neue Schreibung
zu eigen [nennen/geben/machen] **zueinanderfinden** *(sich lieben lernen; Freundschaft schließen)* **zufriedenlassen** **zugrunde** [gehen/richten …]	**zu Eigen** [nennen/geben/machen] **zueinander finden** **zufrieden lassen**/geben/stellen **zugrunde/zu Grunde** [gehen/richten …]
zugunsten *(aber:* zu seinen Gunsten) **zu Hause** [bleiben]	**zugunsten/zu Gunsten** **zu Hause**, *österr., schweiz. auch* zuhause
zulande **zu Lasten** [des/der/von] **zu Lasten** [gehen] **zuleide** [tun] **zumute** [sein] **Zungen-R** **zunutze** [machen] **zupaß** [kommen] **zu Rande** [kommen] **zu Rate** [ziehen] **zusammensein** **zuschanden** [machen …]	**[bei uns] zulande/zu Lande** **zulasten/zu Lasten** [des/der/von] **zulasten/zu Lasten** [gehen] **zuleide/zu Leide** [tun] **zumute/zu Mute** [sein] **Zungen-r/Zungen-R** **zunutze/zu Nutze** [machen] **zupass** [kommen] **zurande/zu Rande** [kommen] **zurate/zu Rate** [ziehen] **zusammen sein** **zuschanden/zu Schanden** [machen …]
zuschulden [kommen lassen]	**zuschulden/zu Schulden** [kommen lassen]
Zuschuß **zu seiten** **zustande** [bringen/kommen]	**Zuschuss** **zu Seiten/zuseiten** **zu Stande/zustande** [bringen/kommen]
zutage [treten] **zuungunsten** [ausgehen …]	**zutage/zu Tage** [treten] **zuungunsten/zu Ungunsten** [ausgehen …]
zuwege [bringen] **zuviel** [des Guten] **zuwenig** [wissen] **zwanzig** *usw. vgl.* achtzig *usw.* **zwei** *usw. vgl.* acht *usw.* der zweite/Zweite Weltkrieg **zwölf** *usw. vgl.* acht *usw.*	**zuwege/zu Wege** [bringen] **zu viel** [des Guten] **zu wenig** [wissen] der Zweite Weltkrieg

Notizen

3 Die Korrekturzeichen

Korrekturzeichen dienen dazu, dass zwei sich verstehen – diejenigen, die Korrekturen in Manuskripte oder Korrekturumbrüche eintragen, und diejenigen, die sie am Satzsystem oder am PC einarbeiten. Sogar wenn Sie ihre eigenen Korrekturen ausführen, ist es im Normalfall leichter für Sie, wenn Sie vorher die bewährten Korrekturzeichen verwendet haben. Die Verwendung der in DIN 16511 genormten Zeichen spart normalerweise Zeit und Geld und erhöht die Sicherheit, dass wirklich alle Korrekturen erkannt und dann auch richtig ausgeführt werden.

Bevor Sie Zeit zum Nachdenken vergeuden, schauen Sie also nach, welche Korrekturzeichen zu verwenden sind. In diesem Kapitel finden Sie nicht alle Korrekturzeichen, aber alle diejenigen, die Sie normalerweise benötigen. Das Kapitel ist zum großen Teil in Anlehnung an die Norm erstellt. Um die Übersichtlichkeit zu erhöhen, haben wir allerdings eine andere Reihenfolge und neue Formulierungen gewählt.

Grundregeln

Grundsätzlich gilt für alle Korrekturen:

- Die Eintragungen sind so deutlich vorzunehmen, dass keine Irrtümer auftreten können.
- Jedes eingetragene Korrekturzeichen ist am Rand zu wiederholen, sofern das Korrekturzeichen nicht für sich selbst spricht.
- Das an den Rand Geschriebene sollte möglichst direkt neben den betreffenden Textzeilen stehen, in denen die Korrektur anzubringen ist, und muss in seiner Reihenfolge den Korrekturen im Text entsprechen.
- Erklärende Vermerke zu einer Korrektur sind in Doppelklammern zu setzen.
- Wenn nichts anderes vereinbart ist, sind alle Korrekturen in Farbe anzubringen (z.B. in Rot).

Wichtige Korrekturzeichen

— halbfett
└─ 8pt ∿∿∿

1. *Andere Schrift* gibt man an, indem man die betreffende Stelle unterstreicht und am Rand die gewünschte Schriftart oder Größe angibt. Gewünschte Kursivschrift können Sie durch eine Wellenlinie unter der betreffenden Textpassage angeben.

| e
| R   ⌈m
⌉n ⌊n
| s
| d   ⌉m
⌉z
⌈⌈⌈e

| ℓ ⟪3x⟫

2. *Falsche Buchstaben* streichen Sie durch und ersetzen sie am Rand durch die richtigen. Kommen in einer Zeile mehrere Fehler vor, erhalten Sie nach ihrer Reihenfolge unterschiedliche Zeichen. Auch ist es empfehlenswert, in aufeinanderfolgenden Zeilen nicht immer die gleichen Korrekturzeichen zu verwenden.

3. Kommt der *gleiche Fehler* öfter vor, wiederholen Sie das Korrekturzeichen am Rand. Es ist auch üblich, in einem solchen Fall die Zahl der Korrekturen in Doppelklammern anzugeben.

| ei
| ⌐

4. *Falsche Trennungen* sind nicht nur am Ende der Zeile, sondern auch am folgenden Zeilenanfang anzuzeichnen.

| ⌐⊃
| ⌐ z

5. Ist nach *Streichung eines Zeichens* die Schreibung der verbleibenden Teile zweifelhaft, dann ergänzen Sie das Tilgungszeichen bei Zusammenschreibung mit einem Doppelbogen, bei Getrenntschreibung durch das Zeichen ⊃ , z.B. bei per|se.

| ge Lnd
H wort

6. *Fehlende Buchstaben oder Satzzeichen* zeichnen Sie an, indem Sie den vorangehenden oder folgenden Buchstaben durchstreichen und am Rand gemeinsam mit dem fehlenden wiederholen. Sie können auch das ganze Wort durchstreichen und auf dem Rand berichtigen.

⌈auf dem
Rand an, was

7. *Fehlende Wörter oder Textpassagen* machen Sie durch Winkelzeichen kenntlich und geben ⌐ ergänzt werden muss.

| ⌐
| ⌐
⌐ch

8. *Überflüssige Buchstaben, Wörter oder Satzzeichen* streichen Sie durch und bezeichnen Sie auf dem Rand mit dem dem Zeichen für „deleatur".

⌐⌐
1-4
H 4711

9. *Verstellte Buchstaben* streichen Sie durch und geben Sie auf dem Rand in der richtigen Reihenfolge an. *Verstellte Wörter* kennzeichnen Sie das durch Umstellungszeichen, bei größeren Umstellungen Wörter die beziffern Sie. *Verstellte Zahlen* wie 741 sind immer ganz durchzustreichen und am Rand richtig zu wiederholen.

10. Sind *Manuskriptstellen (noch) zweifelhaft oder unleser-*
lich, dann geben Sie oder der Setzer eine Blockade an,
z.B. bei „Diamanten vor die Säue werfen".

11. *Fehlenden Wortzwischenraum* geben Sie mit diesem
Zeichen an, zu *weiter Zwischenraum* wird so, *zu enger*
Zwischenraum so gekennzeichnet. Soll ein *Zwischen-*
raum ganz wegfallen, dann deuten Sie das durch zwei
Bögen an.

12. *Nicht Linie haltende Stellen* zeichnen Sie durch über und
unter der Zeile gezogene parallele Striche an.

13. *Fehlender Durchschuss* ist durch einen Strich mit nach
außen offenem Bogen anzuzeigen.

14. *Zu großer Durchschuss* ist durch einen Strich mit nach
innen offenem Bogen anzuzeigen.

15. Einen *neuen Absatz* kennzeichnen Sie mit dem folgenden Zeichen. Das *Anhängen eines Absatzes* verlangen
Sie mit diesem Zeichen,
das die beiden Textteile verbindet.

16. Zu tilgender Einzug erhält einen abgeschlossenen
Strich,
fehlender Einzug ist möglichst exakt anzugeben.

17. *Aus Versehen falsch Korrigiertes* machen Sie rückgängig, indem Sie die Korrektur auf dem Rand durchstreichen und Punkte unter die fälschlich korrigierte Stelle
setzen. Bitte nicht radieren!

4 Shortcuts für Microsoft Word

Wenn Sie häufig mit dem Textverarbeitungsprogramm Word arbeiten, empfiehlt es sich, einige Kommandos nicht mit der Maus auszuführen, sondern mit der Tastatur. Sie können damit Zeit sparen, die Sie wiederum für andere Tätigkeiten nutzen können. Im Folgenden ist (auf der Basis von Word 7/8) eine Auswahl der Shortcuts zusammengestellt, die der oder die normale Word-AnwenderIn am häufigsten braucht. Wir haben versucht, die Shortcuts möglichst logisch zu gruppieren, so dass sie für Sie leicht auffindbar sind. Die allereinfachsten Befehle (d.h. diejenigen, für die nur eine Taste benötigt wird) sind nicht enthalten, um den Überblick so einfach wie möglich zu machen.

Viel Spaß beim Arbeiten mit Shortcuts!

Allgemeines		
Rückgängigmachen der letzten Aktion	STRG+Z	
Wiederholen der letzten Aktion	STRG+Y	
Abbrechen	ESC	
Rechtschreibung prüfen	F7	
Thesaurus aufrufen	UMSCHALT+F7	
Fenster teilen	ALT+STRG+S	
Zeilenwechsel	UMSCHALT+ENTER	
Neue Seite	STRG+ENTER	
Neuer Absatz	ENTER	
Suchen	STRG+I	
Ersetzen	STRG+H	
Gehe zu	STRG+G	
Textmarke	STRG+UMSCHALT+F5	
Shortcuts einer Taste zuordnen	ALT+STRG++ (auf Zehnertastatur)	
AutoText erstellen	ALT+F3	
Wechseln: Layout-Ansicht	ALT+STRG+L	
Wechseln: Gliederungsansicht	ALT+STRG+G	
Wechseln: Normalansicht	ALT+STRG+N	
Wechseln: vom Filial- zum Zentraldokument	STRG+\	

Bemerkung: Wenn Sie die Umschalttaste weglassen, springt der Cursor an die entsprechende Stelle.

Markieren von Text und Grafiken

Ein Zeichen nach rechts	UMSCHALT+→
Ein Zeichen nach links	UMSCHALT+←
Wortende	STRG+UMSCHALT+→
Wortanfang	STRG+UMSCHALT+←
Zeilenanfang	UMSCHALT+POS1
Zeilenende	UMSCHALT+ENDE
Eine Zeile nach oben	UMSCHALT+↑
Eine Zeile nach unten	UMSCHALT+↓
Absatzanfang	STRG+UMSCHALT+↑
Absatzende	STRG+UMSCHALT+↓
Ein Fenster nach oben	STRG+BILD↑
Ein Fenster nach unten	STRG+BILD↓
Bis zum Dokumentanfang	STRG+UMSCHALT+POS1
Bis zum Dokumentende	STRG+UMSCHALT+ENDE
Dokument	STRG+A
Vertikaler Textblock	STRG+UMSCHALT+F8, Pfeiltasten
Bis zu einer bestimmten Stelle im Dokument	F8, Pfeiltasten

Bemerkung: Einige dieser Formatierungen können Sie durch die gleichen Shortcuts auch wieder rückgängig machen.

Zeichen-formatierung

Format Zeichen	STRG+D
Fett	STRG+(UMSCHALT+)F
Kursiv	STRG+(UMSCHALT+)K
Unterstreichen (m. Leerzeichen)	STRG+(UMSCHALT+)U
Unterstreichen (o. Leerzeichen)	STRG+(UMSCHALT+)W
Doppelt unterstreichen	STRG+UMSCHALT+D
Kapitälchen	STRG+UMSCHALT+Q
Normal (Grundschrift)	STRG+UMSCHALT+Z
Höher stellen	STRG++
Tiefer stellen	STRG+#
Gross-/Kleinbuchstaben/Wortbeginn in Großbuchstaben	UMSCHALT+F3
Großbuchstaben	STRG+UMSCHALT+G
Vergrößern um 1 Punkt	STRG+9
Verkleinern um 1 Punkt	STRG+8
Verborgen	STRG+UMSCHALT+H
Symbol-Schriftart	STRG+UMSCHALT+B

Springen und Markieren in einer Tabelle	Tabstop in einer Zelle	STRG+TAB
	Nächste Zelle	TAB
	Vorherige Zelle	UMSCHALT+TAB
	Weitere Zellen	UMSCHALT+Pfeiltasten
	Spalte	ALT+Linke Maustaste
	Gesamte Tabelle	ALT+5 (auf Zehnertastatur)
Absatz-formatierung	Zeilenabstand vor Absatz einfügen/entfernen	STRG+0 (NULL)
	Zentrieren	STRG+E
	Blocksatz	STRG+B
	Linksbündig	STRG+L
	Rechtsbündig	STRG+R
	Einzug links vergrößern	STRG+M
	Einzug links verkleinern	STRG+UMSCHALT+M
	Hängender Einzug	STRG+T
	Hängenden Einzug entfernen	STRG+UMSCHALT+T
Formatvorlagen	AutoFormat starten	STRG+J
	Formatvorlage	STRG+UMSCHALT+S
	Formatvorlage Standard zuweisen	STRG+UMSCHALT+N
	Überschrift 1	ALT+1
	Überschrift 2	ALT+2
	Überschrift 3	ALT+3
Listen	Aufzählungszeichen zuweisen	STRG+UMSCHALT+L
Löschen	Wort links vom Cursor löschen	STRG+RÜCKTASTE
	Wort rechts vom Cursor löschen	STRG+ENTF
Ausschneiden	Text in die Sammlung verschieben	STRG+F3
	Ausschneiden	STRG+X
Kopieren	Text oder Grafiken	STRG+C
	Formatierungen	STRG+UMSCHALT+C
Verschieben	Text oder Grafiken	F2, dann Enter

Text oder Grafiken	STRG+V	Einfügen
Formatierungen	STRG+UMSCHALT+V	
Feld	STRG+F9	
Sammlungsinhalt	STRG+UMSCHALT+F3	
AutoText-Eintrag	Erste Zeichen, ENTER	

Copyright	ALT+STRG+C	Wichtige
Eingetragene Marke	ALT+STRG+R	Zeichen
Marken-Symbol	ALT+STRG+T	
Gedankenstrich	STRG+- (auf Zehner-tastatur)	
Trennstrich, bedingt	STRG+BINDESTRICH	
Trennstrich, geschützt	STRG+UMSCHALT+BINDESTRICH	
Leerzeichen, geschützt	STRG+UMSCHALT+LEERTASTE	
Auslassungspunkte	ALT+STRG+PUNKT	

Inhaltsverzeichniseintrag	ALT+UMSCHALT+O	Querverweise
Indexeintrag	ALT+UMSCHALT+X	
Fußnote	ALT+STRG+F	

Neu	STRG+N	Dokument
Öffnen	STRG+O	
Speichern	STRG+S	
Speichern unter	F12	
Drucken	STRG+P	
Nächstes Fenster	STRG+F6	
Vorheriges Fenster	STRG+UMSCHALT+F6	
Schließen	STRG+W	
Beenden	ALT+F4	

DATUM	ALT+UMSCHALT+D	Felder einfügen
ZEIT	ALT+UMSCHALT+T	
SEITE	ALT+UMSCHALT+P	
Leeres Feld	STRG+F9	

Hyperlink einfügen	STRG+J	Arbeiten mit
Vorherige Seite	ALT+←	Webseiten
Nächste Seite	ALT+→	
Aktualisieren	F9	

5 Vom Manuskript zum fertigen Produkt

Der Weg zum fertigen Produkt umfasst viel mehr Arbeitsschritte, als den Verfassern von Manuskripten, Textteilen oder Bildern im Normalfall bewusst ist. Häufig haben sie bei der Abwicklung nur mit einem Partner zu tun – etwa einem Redakteur, einem Einkäufer oder dem Sachbearbeiter einer Druckerei oder Agentur. Wer sonst noch an dem Prozess bis zum fertigen Produkt beteiligt ist, das erfahren sie eigentlich nur, wenn irgendetwas nicht läuft wie geplant und sie Informationen bekommen wie „die Lithos sind noch nicht fertig", „leider gibt es Probleme in der Buchbinderei" oder Ähnliches.

Aber jeder, der etwas schreibt, sollte auch wissen, welche Arbeitsgänge zwischen Idee und fertigem Produkt liegen. Dann wird er (oder sie) sich kaum noch über die „relativ lange Dauer" von der Planung oder Manuskriptbearbeitung bis zum fertigen Produkt wundern.

Wir wollen den Ablauf an zwei typischen Medien der Verlagsbranche deutlich machen: An der Zeitschrift und am Fachbuch, da hier die Schwerpunkte auf stark unterschiedlichen Tätigkeiten liegen. Letztendlich sind aber bei allen Manuskripten, die in irgendeiner Form gedruckt werden sollen, vom Prinzip her ähnliche Abläufe zu erwarten. Insbesondere bei technischer Dokumentation ist mit einem deutlich höheren Aufwand für Abstimmung des Inhalts und die Freigabe zu rechnen, dafür wird bei der Produktion oft ein einfacherer Weg mit einem optisch weniger anspruchsvollen Ergebnis gewählt.

Hier soll es mehr oder weniger nur um die Prozesse der Manuskripterstellung und der Produktion gehen. Nicht betrachtet werden die strategische Planung von Verlagen und der Komplex des Marketing, also die Werbung und die vertriebliche Logistik. Dies ist der Punkt, wo man – falls man nicht Publikationen für ganz fest umrissene, kleine Zielgruppen macht – als Partner einen Verlag oder einen Dienstleister mit einer ganz besonderen Leistungsstruktur benötigt. Auch auf Rechtsfragen geht dieses Kapitel nicht intensiver ein, hierzu finden Sie in Kapitel 8 genauere Informationen.

Beginnen wir mit dem klassischen Verlagsprodukt, dem Buch.

5.1 Das Fachbuch

Viele der nun beschriebenen Phasen greifen zeitlich ineinander, manchmal ist die Reihenfolge (außer bei der abschließenden Produktion natürlich) auch verändert, aber im Prinzip gibt es bei allen Büchern die gleichen Phasen.

Am Anfang eines jeden Fachbuchs steht „die Idee". Die Idee kann vom Experten selbst stammen, der gerne ein Buch schreiben oder herausgeben möchte oder vom Verlag, der bei einem Thema eine Marktlücke oder eine gute Möglichkeit zur Ergänzung seines Programms sieht. **Die Idee**

Der Anstoß kann aber zum Beispiel auch von einer Firma, einem Unternehmen oder einer seiner Abteilungen kommen: Sie können Fachbücher oder Fachbuchreihen nutzen, um ihr Know-how oder ihr Produktwissen zu Zwecken der unternehmensinternen Aus- oder Weiterbildung, zur Nachwuchsförderung, als Kundeninformation, zur Imagebildung oder zu Marketingzwecken unter dem Namen des Unternehmens zu verbreiten. Oder sie setzen Fachbücher ein, um ihre Technologien in anderen Ländern (z.B. in Südostasien) bekannt zu machen und sich damit einen Wettbewerbsvorteil zu verschaffen.

Es gibt auch einen Veröffentlichungszwang, nämlich bei Dissertationen; aber die wenigsten Dissertationen sind für eine größere Zielgruppe interessant.

Eine der schwierigsten Phasen ist meist die Autorensuche. Ein Verlag oder Herausgeber wird in der Regel nach Spezialisten für die zu bearbeitenden Themengebiete suchen und mit diesen das Konzept besprechen. Wirkt ein Unternehmen als Herausgeber, wird es die Autoren meist mehr oder weniger „dienstverpflichten" (siehe dazu auch Kap. 8). Obwohl der gesamte Zeitaufwand zur Autorensuche relativ gering im Vergleich zum insgesamt nötigen Aufwand bis zur Fertigstellung eines Buchs ist, zieht sie sich – wahrscheinlich als Folge der „Hemmschwelle in der Startphase" – oft über einen langen Zeitraum hin. **Autorensuche**

Manchmal gibt es auch den „Glücksfall", dass ein Autor oder Herausgeber schon ein fast fertiges Manuskript hat. Dann ist meistens nur noch etwas „Feinarbeit" an Text oder Bildern nötig.

Marktanalyse und Kalkulation

Ist die Idee klar umrissen, dann folgt eine Marktanalyse: Wer sind die potenziellen Käufer, wie viele sind es, wie kann man sie erreichen, welches Niveau ist dafür anzustreben, gibt es Konkurrenzwerke, wie muss sich das Werk von diesen absetzen, soll z.b. eine Diskette oder CD-ROM beigefügt werden, welcher Verkaufspreis lässt sich erzielen und welche Auflagenhöhe absetzen? In die meist parallel zur Marktanalyse erstellte Kalkulation geht eine große Zahl geschätzter (oder manchmal auch exakt vorgegebener) Daten ein: Format, Umfang, Gestaltung, Zahl der Bilder, Tabellen, Honorare, notwendiger Grad der Manuskriptbearbeitung, Werbe- und Vertriebsaufwand, Vorbestellungen und Subventionen, Laufzeit der Auflage usw.

Vertragsphase

Passen Marktanalyse und Kalkulation in ihrem Ergebnis zusammen und sind sich Verfasser und Verlag einig, dann steht der Publikation nichts mehr im Wege. Die Beteiligten unterzeichnen im Normalfall gemeinsam einen Vertrag. Je nach der Art des Zustandekommens des Manuskripts und der Art und Weise der Honorierung ist das aber nicht immer erforderlich.

Vorwort, Werbetext, Marketingkonzept

Im Idealfall gut ein Jahr, mindestens aber 6 bis 7 Monate vor Erscheinen des Buchs benötigt der Verlag einen möglichst guten Entwurf des Vorworts, eine exakte Inhaltsangabe und etliche weitere Informationen, um einen Werbetext schreiben zu können und das Marketingkonzept zu beschließen. Je früher alle relevanten Informationen beim Verlag sind und je exakter der geplante Erscheinungstermin eingehalten wird, desto besser sind die Verkaufsaussichten. Im Idealfall wird schon in dieser Phase der Umschlag gestaltet, damit er früh genug in den Werbemedien des Verlags abgebildet werden kann.

Manuskriptstadium

Nun folgt das Stadium der Manuskripterstellung (häufig beginnt die Manuskripterstellung aber schon mit der Idee und die Inhalte der Bücher sind in der Vertragsphase bereits zum großen Teil fertig). Was Struktur, Gliederung, Art der Formulierung, Bildgestaltung und „Technik" betrifft, sollten Sie sich als Verfasser möglichst bald mit dem Verlag absprechen, das erspart oft viel Mühe und einige Missverständnisse. Kapitel 7 dieses Buchs gibt Ihnen dafür viele wichtige Hinweise. Wenn die Inhalte des Buchs Ihr berufliches Arbeitsgebiet berühren, vergessen Sie nicht, das Buch bei den zuständigen Stellen Ihrer Firma freigeben zu lassen.

Soll dem Buch ein elektronisches Medium (Diskette oder CD-ROM) beigefügt werden, so gehört das Zusammenstellen der Inhalte ebenso in die Manuskriptphase. Der Ersteller hat auch darauf zu achten, dass seine Diskette virenfrei ist.

Im Normalfall prüft ein Redakteur des Verlags Ihr Manuskript und Ihre Bilder. Je nach Terminsituation, Kostendruck, Art und Komplexität des Inhalts und Ihrer Zuverlässigkeit als Autor geschieht dies kapitelweise oder im Ganzen, einmal, zweimal oder sogar öfter. Seien Sie kooperativ, denn in Verlagen müssen viele unterschiedliche, teilweise zeitlich nur schwer planbare Tätigkeiten koordiniert werden. Meistens ist es am praktischsten, wenn Sie die – normalerweise handschriftlichen – Korrekturen des Redakteurs in Manuskript und Bildern direkt in Ihre Dateien eintragen. Ein möglichst reibungsloser Ablauf liegt sicher auch in Ihrem Interesse als Autor.

Redaktionsphase

Wird Ihr Manuskript für eine fremdsprachige Ausgabe des Buchs übersetzt, so kann dies mehrere Monate dauern, da in einer Übersetzung viele Stunden Arbeit stecken.

Übersetzung

Nun folgen die für den Autor kaum zu überblickenden Prozesse. Der Verlagshersteller („Producer"), dessen Aufgabe es ist, den gesamten Produktionsprozess zu steuern, auf Qualität, Kostenkontrolle und Termineinhaltung zu achten, stimmt mit dem Satzbetrieb ab, wie das Layout zu erstellen ist. Er macht Angaben für den Grafiker, wie die Bilder nach den Vorlagen des Autors anzufertigen sind. Für Satz und Grafikerstellung durch Setzer bzw. Zeichner ist mit einem Aufwand von einigen Wochen zu rechnen.

Herstellung, Datenverarbeitung

Günstiger ist es aber, und schon fast der Standardfall, wenn der Autor seine Grafiken nach den Vorgaben des Verlags erstellt. Das geht insgesamt schneller, ist für den Autor meist kaum zeitaufwendiger und gibt weniger Chancen zum Verursachen von Fehlern. Und, was ganz wichtig ist: Die dadurch zusätzlich erzielte Kostenersparnis ermöglicht fast immer einen niedrigeren Buchpreis und erhöht die Absatzchancen.

Autor und Korrektor (das ist oft der Redakteur selbst) erhalten jetzt den Umbruch zum Korrekturlesen. Sie lesen parallel oder in beliebiger Reihenfolge nacheinander, sollten aber alle kritischen Korrekturen miteinander besprechen, um Fehler bei der Ausführung in der Setzerei oder beim Grafiker auszuschließen. Vorgegebene Termine für die Abgabe der Korrek-

Umbruchkorrektur

73

turen sind unbedingt zu berücksichtigen, sonst ist der geplante Erscheinungstermin kaum einzuhalten. Es sollten auch wirklich nur noch ganz dringende Korrekturen angegeben werden, denn Änderungen sind in dieser Phase teuer. Autor oder Herausgeber geben nun den Umbruch mit den angegebenen Korrekturen bzw. Änderungen druckfrei.

Satzkorrektur, Druckfreigabe, Druck

Der Setzer (oder bei den Bildern evtl. auch der Grafiker) führt die Korrekturen aus. Der Verlagshersteller prüft noch einmal, ob alle Korrekturen zur Zufriedenheit ausgeführt sind. Anschließend erfolgt die hochauflösende Belichtung auf Filmmaterial, welches auf eine Druckplatte kontaktet wird (Computer-to-Film, CTF). Daneben hat sich inzwischen das direkte Belichten auf die Druckplatte (Computer-to-Plate, CTP) etabliert. Sicher wird es in absehbarer Zeit CTF weitgehend ersetzen, da es eine deutliche Zeit- und Kostenersparnis ermöglicht. Die nächste Phase, der eigentliche Druck, geht recht schnell.

Binden

Die bedruckten Bogen werden gefalzt, bei hochwertigen Büchern fadengeheftet, aufeinandergelegt, mit einem Gazeband verklebt und an drei Seiten beschnitten. Für den Einband wird ein Umschlag bedruckt, bei Hardcoverbänden mit einer Schutzfolie kaschiert, auf Karton aufgezogen und anschließend genutet. In diesen Einband wird der Buchblock „eingehängt".

Auslieferung, gesamte Herstelldauer

Vom letzten Arbeitsgang in der Buchbinderei bis zu dem Zeitpunkt, zu dem das Buch auf Lager liegt oder beim Buchhändler ist, vergehen noch einmal einige Tage. Bei weniger umfangreichen, einfachen Büchern muss man für den ganzen Zeitraum der Produktion ab Übergabe an den Verlagshersteller mindestens mit zwei Monaten, bei Büchern mit einigen 100 Seiten und vielen Grafiken mit zwischen 4 und 8 Monaten rechnen. Das sind Erfahrungswerte aus unserem Verlag, der eher zu den „schnellen Verlagen" zählt.

Es gibt natürlich auch Ausnahmen: Bücher zur Fußball-WM oder hochaktuelle DV-Bücher. Aber bei solchen Publikationen ist der schnelle Ablauf von vornherein geplant, wesentlicher Bestandteil der Marketingstrategie und muss natürlich auch extra bezahlt werden.

Honorierung

Wenn Ihr Verlag mit Ihnen ein Pauschalhonorar vereinbart hat, ist jetzt ein üblicher Zeitpunkt für die Auszahlung, wenn ein Umsatzhonorar vereinbart wurde, erfolgt die Auszahlung normalerweise jährlich auf der Basis der verkauften Stückzahlen (siehe dazu auch Kapitel 8).

Sie haben in diesem Abschnitt das „Elektronische Publizieren" vermisst? Hier müsste eigentlich erst eine Begriffsdefinition folgen.

Darunter kann man z.b. das Erstellen eines reproduktionsreifen Manuskripts durch den Autor verstehen, d.h. das Verlagern des Satzes, der Bilderstellung und der Umbruchkorrektur in die Phase der Manuskripterstellung. Im Idealfall liefert der Autor dann einen (oder mehrere) Datenträger mit den belichtungsfertigen Dateien. Diese Art von „Desktop-Publishing" ist von den meisten Verlagen durchaus gewünscht; es spart im Allgemeinen Kosten und manchmal auch Zeit. Es funktioniert aber nur reibungslos, wenn der Autor die technischen und typographischen Vorgaben des Verlags beachtet.

Genauso oft bezeichnet man damit das Publizieren von Disketten und CD-ROMs oder das Publizieren in Datenbanken und Internet.

Inzwischen schon machbar ist „Publishing on Demand". Fachbücher werden von Großhändlern erst nach Bestellung gedruckt und gebunden. Mit schnellen Druckern und Online-Verbindungen wird es vielleicht sogar irgendwann gebräuchlich sein, Bücher vor Ort oder im Laden auszudrucken. Solche Bücher werden voraussichtlich einfach gestaltete Informationsmedien sein – ohne individuelles Format oder schönen Einband, aber nicht unbedingt billiger. Doch das ist vorläufig noch Zukunftsmusik.

Üblich ist es heute schon kleine Buchauflagen im Digitaldruck – also mit guten Laserdruckverfahren – herzustellen. Ab ein paar hundert Exemplaren ist aber der klassische Offsetdruck nach wie vor billiger.

5.2 Die Zeitschrift

Im Prinzip läuft der Prozess bei Zeitschriften ähnlich ab wie beim Buch, allerdings gibt es einen ganz wesentlichen Unterschied: Ihr Artikel ist einer von vielen, d.h., es ist noch wichtiger, sich mit gegebenen Abläufen und Terminen abzufinden. Wenn Sie Ihren Artikel im letzten Moment vor Redaktionsschluss abgeben, dann geraten Sie unter Umständen in der Korrekturphase kräftig unter Zeitdruck.

Aber nun zu den Abläufen. Die im Folgenden angegebenen Zeiträume sind typisch für eine Fachzeitschrift mit 6 bis 12 Ausgaben im Jahr.

Heftplanung Für fast jede Fachzeitschrift gibt es eine Jahresplanung. Darin sind die Umfänge der einzelnen Ausgaben des Jahrgangs festgelegt, die Aufteilung des Etats für die einzelnen Posten, und unter Umständen auch schon ein Teil der Themenplanung. Einige Monate vor Erscheinen gibt es dann eine detaillierte Planung für die einzelnen Hefte. Darin sind die Heftinhalte festgelegt, oft gibt es auch „Schwerpunkthefte" zu einzelnen Themenbereichen.

Beirat Viele Fachzeitschriften haben einen Beirat, der die allgemeine Ausrichtung der Zeitschrift festlegt, die Planung mitbestimmt, der unter Umständen auch als Herausgeber fungiert und dessen Mitglieder oft Beiträge zu einzelnen Themen anstoßen oder Beiträge von Autoren an die Redaktion weiterreichen.

Autorensuche Zeitschriftenredaktionen suchen sich ihre Autoren z.b. auf Tagungen und Messen oder bei Unternehmen. Bei Firmenzeitschriften läuft die Autorensuche oft auch über die für Fachveröffentlichungen zuständigen Dienststellen. Viele Zeitschriften haben auch einen Stamm von Autoren, die ihnen immer wieder aktuelle Beiträge liefern.

Briefing Häufig liefert die Redaktion der Zeitschrift unaufgefordert technische oder inhaltliche Vorgaben. Aber wenn sie nicht von sich aus mitteilt, welchen Umfang und welche inhaltliche Ausrichtung Ihr Beitrag haben sollte, fragen Sie nach! Es schadet auch keinesfalls, wenn Sie sich Artikel in älteren Ausgaben der Zeitschrift nach den folgenden Aspekten durchsehen: Aus welchen inhaltlichen und gestalterischen Elementen besteht ein Artikel? Wie ist er strukturiert? Wie viele Bilder werden verwendet? Was für eine Art von Bildern ist das?

Manuskriptstadium Klären Sie insbesondere auch das Datenformat ab, in dem Sie die Texte und Bilder liefern sollen. Bei den Bildern spielt auch die Auflösung eine wichtige Rolle. Und wenn das zu Ihrem Artikel passt, können Sie der Redaktion Inhalte für Infokästen (z.b. mit technischen Informationen, Erläuterungen von Abkürzungen oder Internetadressen) vorschlagen.

Ca. 4 Monate vor Erscheinen beginnen die Autoren mit dem Anfertigen ihrer Manuskripte und Bildvorlagen. Davor teilt ihnen die Redaktion mit, welchen Umfang ihr Beitrag haben und wie er technisch aufbereitet sein sollte. Etwa 2 $\frac{1}{2}$ Monate vor Erscheinen des „Hefts" ist Redaktionsschluss. Aller-spätestens bis dahin sollten Manuskript und Bildunterlagen bei der Redaktion eingegangen sein (häufig einfach per E-Mail); falls eine fachliche Freigabe notwendig ist, sollte sie der Autor bis zu diesem Zeitpunkt schon besorgt haben.

Nun wird der Artikel redigiert, das kann zwischen einem Tag und mehreren Wochen dauern, je nach Termindruck und der Reihenfolge des Eintreffens der einzelnen Beiträge. Manchmal besorgt sich die Redaktion auch zusätzliches Material, z.B. Fotos als „Aufmacher" oder ergänzende Fachinformationen. Schließlich erhält der Autor seinen redigierten Artikel zur Prüfung und Freigabe, oft in einem Probelayout, aus dem deutlich wird, an welchen Stellen er noch etwas kürzen oder ergänzen sollte. Oft hat der Autor nur ganz kurz Zeit zur Kontrolle, manchmal sogar nur einen Tag.
Redaktions-phase

Es folgen Satz, Layout, Grafik- und Umbrucherstellung. Je Beitrag muss man dafür 2 bis 3 Wochen veranschlagen, für die gesamte Ausgabe der Zeitschrift 4 bis 5 Wochen.
Satz, Layout, Grafik, Umbruch

Es folgt noch ein Korrekturgang in der Redaktion; der Autor bekommt (bei den meisten Zeitschriften) den Artikel ebenfalls noch einmal zur endgültigen Freigabe.
Druckfreigabe

Die Korrekturen werden ausgeführt und noch einmal durch die Redaktion geprüft. Dann folgen die gleichen Arbeitsgänge wie beim Buch, nur das Binden ist weniger kompliziert. Für diese letzte Phase inklusive Versand sind noch einmal rund 3 Wochen zu veranschlagen.
Druck, Versand

Der Autor erhält im Normalfall für das Abtreten der Veröffentlichungsrechte ein Honorar, mit dem meistens neben der Publikation des Beitrags in der Zeitschrift auch weitergehende Rechte, z.B. die Online-Veröffentlichung seines Beitrags, abgegolten sind.
Honorar

Das „Heftmachen" ist ein komplexer Vorgang, bei dem viel Koordinationsarbeit zu leisten ist. Vergessen Sie das nicht und halten Sie vorgegebene Termine ein! Und, je besser Sie in der Zeit liegen, desto eher können Sie auch erwarten, dass Ihr Beitrag optimal bearbeitet und gestaltet wird.

6 Seitengestaltung und Typographie

Dieses Kapitel gibt Ihnen eine kurze Einführung in Seitengestaltung (Layout) und Typographie. Sie soll Ihnen ermöglichen, den Experten zu verstehen und einfache Seitengestaltungen selbst durchzuführen.

6.1 Gute Typographie

Die Typographie dient in erster Linie der gezielten Vermittlung komplexer Botschaften an den Empfänger (Leser) und ist somit kein Selbstzweck. Denn neben den Inhalten sind auch Funktionalität, Ästhetik, Ökonomie und eingesetzte Technologien wesentliche Kriterien für die Qualität einer Publikation. Zudem ist die perfekte typographische Umsetzung ein starkes Kaufargument auf dem hart umkämpften Publikationsmarkt.

Die Typographie dieses Buches richtet sich am informierenden und differenzierten Lesen aus. Sie ist so umgesetzt, dass Sie möglichst schnell und bequem die wesentlichen Aussagen finden und den optimalen Nutzen daraus ziehen können. Bewirkt wird dies durch die in 6.2 und 6.3 beschriebenen Elemente, die wir in diesem Buch an jeder Stelle so sinnvoll und so gut wie möglich eingesetzt haben.

Bei vielen Fachbüchern tritt die Typographie aus rein ökonomischen Gründen völlig in den Hintergrund, bei belletristischen Büchern spielt sie hingegen als wesentliches Kaufargument eine ganz besondere Rolle. So ist allerdings z.B. bei Romanen, die ja einfach linear gelesen werden, eine entsprechende Typographie mit deutlich geringerem Arbeits- und Kostenaufwand zu realisieren als bei einem Fachbuch.

Ganz besonders wichtig ist die Typographie bei Zeitschriften, da sie ihnen oft eine Besonderheit und Einmaligkeit in der Zeitschriftenlandschaft ermöglicht. Außerdem ist die Typographie nicht selten ausschlaggebend dafür, ob ein Zeitschriftenartikel gelesen wird oder nicht.

Nicht selten wird aber auch bei Fachbüchern Typographie von Verlagen im Rahmen von Buchreihen bzw. eines Corporate Design umgesetzt, das ihnen Image und Kunden verschafft und fachliche Inhalte manchmal in den Hintergrund rückt.

6.2 Die Elemente einer Seite

Bild 6.1 zeigt den Doppelseitenaufbau eines Buches mit den wesentlichen Elementen einer Seite. Die einzelnen Spalten eines Buches oder einer Zeitschrift bezeichnet man auch als „Kolumnen", die gesamte mit Kolumnen bedruckte Fläche inklusive der Marginalienspalte bezeichnet man als „Satzspiegel".

Bei der Gestaltung einer Seite ist grundsätzlich auf die Ausgewogenheit der einzelnen Elemente zu achten. So dürfen die Abstände zwischen einzelnen Textspalten oder zwischen Marginalien- und Textspalte nicht zu groß oder zu klein sein (gute Größenordnung: 5–7 mm). Auch müssen die Breiten der einzelnen Spalten sinnvoll gewählt sein: Die Breite der Textspalten sollte sich nach der Anzahl der Zeichen je Zeile richten (siehe 6.2). Ist eine Marginalien-

Optische Ausgewogenheit

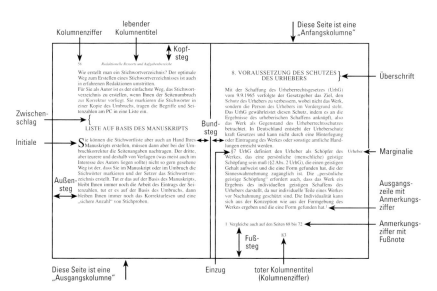

Bild 6.1
Der Doppelseitenaufbau eines Buches mit satztechnisch-typographischen Begriffen

spalte zu breit, ist das Platzvergeudung, ist sie zu schmal, dann laufen die Marginalien über mehrere Zeilen und lassen sich nicht mehr mit einem Blick erfassen.

Block- und Flattersatz

Meist wählt man Blocksatz, da er optisch besser wirkt. Bei schmalen Spalten ist aber oft der Flattersatz (linksbündiger Satz) vorzuziehen, damit zu große Abstände zwischen den einzelnen Wörtern vermieden und sinnvolle Trennungen erleichtert werden. Auch bei Auflistungen ist häufig der Flattersatz die bessere Wahl, selbst wenn der übrige Text in Blocksatz steht. Bildunterschriften, Tabellenüberschriften und Bildlegenden sollten grundsätzlich linksbündig gesetzt sein.

Kolumnentitel

Zur besseren Orientierung enthalten viele Bücher oder Fachzeitschriften in der Kopfzeile sogenannte „lebende Kolumnentitel", die auf das jeweilige Kapitel oder den Themenkreis hindeuten. In den meisten unserer Bücher finden Sie links oben die Überschrift 1. Ordnung, rechts oben die Überschrift 2. Ordnung. Wie in diesem Buch sind die lebenden Kolumnentitel oft durch eine feine Linie vom Fließtext getrennt oder sie sind auf andere Weise optisch abgesetzt.

Seitenzahlen (Paginierung)

„Tote Kolumnentitel" enthalten nur die Seitenzahl. Sie kann am oberen oder unteren Seitenrand stehen, innen oder außen. Verlage handhaben dies normalerweise für ihre jeweiligen Publikationsreihen einheitlich.

Jede Publikation mit doppelseitigem Aufbau beginnt mit einer rechten Seite. Das bedeutet, dass ungerade Seitenzahlen generell eine rechte Seite bezeichnen, gerade Seitenzahlen eine linke. Bei Zeitschriften beginnt die Zählung im Allgemeinen mit der Titelseite, bei Büchern wird der Einband nicht mitgezählt. Bei manchen Zeitschriften oder Dokumentationen gibt es abweichende Zählweisen. So werden z.B. vorangestellte Kurzübersichten oder eingeheftete Sonderteile oft getrennt gezählt, d.h. mit anderen Ziffern durchgezählt als die übrigen Seiten.

Bilder und Tabellen

Bilder und Tabellen wirken meist dann am besten, wenn ihre Breite einer oder der Breite mehrerer Spalten entspricht (es sei denn, sie werden gekonnt als optisches Gestaltungsmedium eingesetzt). Das Umrahmen oder Unterlegen ist dabei ein häufig genutztes Hilfsmittel zum Erzielen der gewünschten Breite. Es führt aber nur selten zu einem guten Ergebnis.

Mehr Informationen über Bilder und Tabellen finden Sie in den Abschnitten 7.5 und 7.6.

6.3 Schriften, Schriftgröße, Zeilen, Absätze

Man unterscheidet zwischen serifenlosen Schriften und serifenbetonten Schriften. Bei serifenbetonten Schriften haben die Strichenden der Buchstaben auf der Grundlinie „Füßchen" (Serifen). Dadurch sind Texte schneller und eindeutiger erfassbar. Serifenbetonte Schriften werden hauptsächlich dort eingesetzt, wo größere Textmengen vermittelt werden, d.h. für Zeitungen, Zeitschriften und Bücher, serifenlose insbesondere in der Werbung.

Gängige Schriften

Der Fließtext in diesem Buch ist in der Serifenschrift „Times Roman", die Marginalien sind in der serifenlosen Schrift „Univers" gesetzt.

Aufgrund ihrer guten Lesbarkeit, ihrer Verfügbarkeit in allen Arten von DTP- und Satzprogrammen und des Umfangreichtums der Schriftfamilie (d.h. zusammenpassende Schriftarten in vielen Größen für Grundschrift, kursive, halbfette, fette, enge Schrift, Kapitälchen, Formelsatz usw.) ist die „Times Roman" fast eine Art Standardschrift für Bücher und Zeitschriften. Aber Vorsicht: Die Schriftschnitte unterschiedlicher Schriftenhersteller unterscheiden sich geringfügig, so dass sich die Umbrüche zwischen Manuskript und Korrekturfahne leicht verändern können! Das wirkt sich insbesondere auf Zeilenumbrüche und Trennungen aus.

Times Roman

Andere gut lesbare Schriften mit Serifen sind z.B. die Garamond oder die Century Schoolbook.

Gängige serifenlose Schriften sind z.B. die Helvetica oder die Arial, die bei weitem nicht so elegant wirkt wie viele andere Schriften, aber sich auch bei Vervielfältigung in schlechter Qualität (z.B. durch Faxen) noch gut lesen lässt.

Serifenlose Schriften

Viele Unternehmen haben eine „Hausschrift" gewählt, die sie für die meisten ihrer Anzeigen, Werbeschriften, Informationsbroschüren oder die Gestaltung ihrer Geschäftspapiere nutzen. Dadurch erhalten die Publikationen ein einheitliches Erscheinungsbild.

Schriftgrößen und Zeilenabstand

Welche Schriftgröße und welchen Zeilenabstand wähle ich für welche Art von Information? Das ist abhängig von der Art und Menge der zu vermittelnden Information, vom zur

Verfügung stehenden Format, von den Lesegewohnheiten der Zielgruppe und bei Büchern und Zeitschriften letztendlich auch von der Strategie des Verlags oder Herausgebers.

Der typographische Punkt — Typographische Basiseinheit ist der „Punkt" (pt). In DTP-Programmen entspricht 1 pt 0,351 mm. Der „historische" Didot-Punkt (0,376 mm) wird immer seltener zur Angabe typographischer Größen verwendet.

Grundschrift — Der Fließtext dieses Buches ist in einer Schriftgröße von 10 (DTP-)Punkt mit einem Zeilenabstand von 11 Punkt gesetzt – kurz bezeichnet als 10/11 pt (d.h. die Grundschrift des Buches ist eine Times Roman 10/11 pt, sprich „10 auf 11 Punkt"). Für die Marginalien haben wir 9/11 pt gewählt. Diese Schriftgrößen sind mit dem Auge noch ganz gut lesbar, der Zeilenabstand wirkt harmonisch. Für gute Lesbarkeit sollte der Zeilenabstand bei längeren Texten gleich der Schriftgröße plus 1 oder 2 pt betragen, für die Grundschrift sind 9 bis 12 pt empfehlenswert, für Bildbeschriftungen sind mindestens 7 pt nötig (siehe auch Abschnitt 7.5).

Durch eine – für den Laien optisch kaum wahrnehmbare – größere Schrift lassen sich auf einfache Weise viel mehr Seiten erzielen: Wäre dieses Buch z.B. in 11/12 pt gesetzt, hätte es 20% mehr Seiten, bei 12/14 pt knapp 60%. Und hätten wir zusätzlich einen kleineren Satzspiegel gewählt, wären es noch mehr Seiten. Ein dickes Buch kann also unter Umständen eine deutlich kleinere Textmenge enthalten als ein dünnes!

Laufweite — Außerdem lässt sich noch die „Laufweite" der Schrift modifizieren, indem man die Abstände der einzelnen Buchstaben vergrößert oder verkleinert. Ebenso wie größerer Zeilenabstand ist das aber im Normalfall nur für Texte mit besonderer Gestaltung interessant, z.B. für Werbung, Überschriften, Plakate, Geräte- oder Verpackungsbeschriftungen.

Zeilenlänge — Ist das Format größer, dann wählt man im Allgemeinen auch eine größere Schrift. Für das schnelle Erfassen des Textes sind Zeilenlänge und Zeilenabstand von großer Bedeutung. Generell sollten in einer Zeile nicht mehr als 55 bis 60 Zeichen stehen, was aber z.B. bei Büchern wegen der großen Textmengen oft nur schwer realisierbar ist.

Absätze

Ein Text ist nur gut lesbar, wenn alle paar Zeilen ein neuer Absatz folgt (siehe dazu Abschnitt 7.2). Der Abstand zum nächsten Absatz kann z.B. eine Leerzeile betragen. Besser sieht es aber meistens aus, wenn Sie nur ca. $^1/_2$ Leerzeile, also ca. 6 pt als Abstand nach einem Absatz einfügen. DTP-Programme bieten auch die Möglichkeit, Abstand vor einem Absatz einzufügen. Das ist meist nur interessant, wenn Texte umrahmt oder hinterlegt werden sollen (also bei Tabellen oder Infokästen) oder vor Kapitel- oder Zwischenüberschriften.

Seitenausgleich

Wird Ihr Text von einem Setzer weiterverarbeitet, dann führt dieser normalerweise einen Spalten- bzw. Seitenausgleich durch, indem er vor und nach Überschriften den Durchschuß anpasst. Der Seitenausgleich ist nötig, damit Seiten nicht mit einzelnen Zeilen aufhören oder starten (im Fachjargon als „Schusterjungen" und „Hurenkinder" [sic] bezeichnet), Zwischenüberschriften nicht allein am Ende einer Seite stehen oder damit neue Kapitel auf einer neuen Seite beginnen können.

Überschriften

Überschriften sind deutlich auszuzeichnen und vor bzw. nach den Überschriften ist ein Textabstand einzufügen, durch den die Gliederung des Textes deutlich sichtbar wird.

Überschriften 1. Ordnung sind z.B. in diesem Buch mit halbfetter Schrift in 16/18 pt ausgezeichnet, Überschriften 2. Ordnung in 12/14 pt halbfett, Überschriften 3. Ordnung und die Zwischenüberschriften in 10/11 pt halbfett.

Beim Auszeichnen von Überschriften sollten Sie deutlich die Hierarchie betonen. Überschriften der n. Ordnung sollten demnach immer auffälliger, d.h. in der Regel fetter und/oder größer sein als Überschriften der Ordnung $n+1$. Ein mehrfacher Wechsel zwischen fett und kursiv irritiert meistens und die Wahl einer anderen Schrift ist oft nur dann sinnvoll, wenn Sie diese Schriftart für die Überschriften aller Ordnungen verwenden. Zudem muss diese Schriftart optisch mit der Grundschrift harmonieren.

Sonstige Textauszeichnungen

Zu diesem Thema verweisen wir auf den Teil „Optische Hervorhebungen" im Abschnitt 7.2. Dort finden Sie Informationen über die Auszeichnung von Wörtern, Satzteilen, Merksätzen, Zusammenfassungen und Auflistungen bzw. Aufzählungen.

6.4 Dokumentenvorlagen für Autoren

Viele Verlage bieten den Autoren elektronische Dokument-
vorlagen in den gebräuchlichsten Textverarbeitungs- bzw.
Layoutprogrammen an. Hierbei sind die wichtigen Layout-
voreinstellungen wie etwa Satzspiegelformat, Schriftart und
-größe sowie Abstände bereits vorgegeben. Qualifiziert
erstellt ersparen diese dem Autor jede Menge an Layout-
arbeit.

Eine besondere Stärke der Layoutvorlagen besteht darin, dass
der Autor ein Manuskript erhält, das aussieht wie ein
gedrucktes Buch. Es lässt sich flüssig lesen, gut bearbeiten
und Fehler erkennt der Autor im Allgemeinen viel einfacher
als bei einem selbst gestalteten Manuskript, d.h. er kann sie
in einer früheren Phase der Manuskripterstellung korrigieren.

Unser Verlag z.b. stellt den Autoren bisher wahlweise Word-
oder Framemakervorlagen zur Verfügung.

7 Tipps für Autoren

Dieses Kapitel gibt Ihnen einen Überblick über die formalen und stilistischen Aspekte, die Sie als Autor berücksichtigen sollten. Je früher Sie wissen, worauf Sie beim Strukturieren, beim Schreiben und beim Erstellen von Bildern, Tabellen, Verzeichnissen usw. zu achten haben, desto leichter wird Ihnen das Schreiben fallen.

7.1 Einstieg und Inhaltselemente

Bevor Sie Inhalte festlegen und mit dem Schreiben beginnen, müssen Sie sich über Zielsetzung (Was will ich mit meinem Beitrag erreichen?), Zielgruppen bzw. Zielpersonen sowie den Nutzen Ihres Beitrags für die Leser im Klaren sein. Erst dann sollten Sie Inhalte sammeln und prüfen, ob diese der Zielsetzung und den Erwartungen der Leser entsprechen. Achten Sie zusätzlich darauf, nur solche Inhalte auszuwählen, die über die vorgesehene Aktualitätsdauer gültig bleiben.

Zielsetzung

Titel, Inhalt, Gliederung, Schreibstil sowie Informationsinhalt und -darstellung in Bildern und Tabellen sind auf die Zielgruppe auszurichten.

Der Titel gibt eine möglichst klare Kurzdefinition des Inhalts. Bei Fachbüchern, Zeitschriftenbeiträgen und Vertriebsmaterialien wirbt er direkt für die Veröffentlichung, muss also anziehende Wirkung auf die Leser ausüben.

Der Titel

Der Rahmen für Länge und Formulierung des Untertitels wird im Allgemeinen vom Verlag oder Herausgeber vorgegeben. Der Untertitel kann aus einem attraktiven Slogan bestehen („Ihre Eintrittskarte ins ..."), kann die Zielgruppe direkt ansprechen („Das Handbuch für ...") oder eine genauere Angabe des Inhalts präsentieren. Bei Zeitschriften kann auch der Untertitel eine Kurzdefinition des Inhalts darstellen, falls der eigentliche Titel nur als Aufreißer fungiert.

Der Untertitel

Fachbücher, viele Ausarbeitungen und Dokumentationen haben normalerweise ein Vorwort. Schon das Wörtchen „Vorwort" sagt es aus: Kurz muss es sein, sonst sind die Chancen gering, dass der Leser ausreichend Notiz davon

Das Vorwort

nimmt. Aufgabe des Vorworts ist es, der Zielgruppe den Nutzen darzustellen, Wissen über Hintergründe zur Entstehung und zum Thema zu geben, einen kurzen Überblick über den Inhalt zu präsentieren und (bei Nachauflagen) anzugeben, was sich gegenüber vorherigen Versionen geändert hat. Das Vorwort dient häufig auch als Grundlage für den Werbetext.

Die Einführung Am Beginn vieler Texte steht eine Einführung. Sinnvoll ist sie dann, wenn Sie den Leser behutsam an ein Thema heranführen wollen, wenn Sie ihm zeigen wollen, wie der folgende Text aufgebaut ist und warum, um ihm das Umfeld des Themas deutlich zu machen oder wichtige Definitionen voranzustellen. Beispielsweise sollte eine Einführung für ein Buch zum Thema Projektmanagement erläutern, was denn ein Projekt überhaupt ist.

Der Fließtext Es folgt der eigentliche Fließtext. Wie er zu strukturieren ist, erfahren Sie im Abschnitt 7.2; Arbeitstechniken zur Gliederung der Inhalte präsentiert Ihnen Abschnitt 9.4. Fachartikel, Präsentationen usw. beschließt man im Allgemeinen mit einem Fazit, einer Zusammenfassung oder einem zukunftsorientierten Ausblick. Auch in Fachbüchern kann ein Blick in die Zukunft normalerweise nicht schaden (siehe auch Abschnitt 9.3).

Das Glossar Wenn Ihr Text viele erklärungswürdige Fachbegriffe oder Abkürzungen enthält, die immer wieder auftauchen oder deren Erklärung das Verstehen des Fließtexts erschweren würde, dann sollten Sie diese in einem Glossar lexikalisch zusammenstellen und dort erläutern. Die richtige Stelle für ein Glossar ist nach dem Fließtext vor dem Literaturverzeichnis oder bei einem Zeitschriftenbeitrag in einem separaten Kasten.

Verzeichnisse Am Ende von Fachbüchern oder Dokumentationen stehen das Literaturverzeichnis (siehe Abschnitt 7.7) und das Stichwortverzeichnis (siehe Abschnitt 7.8). Verzeichnisse der Bilder oder Tabellen sind bei den wenigsten Publikationen sinnvoll, Listen der verwendeten Formelzeichen hingegen können sehr praktisch sein, wenn man nicht bei jeder Formel alle Formelzeichen auflisten will. Der richtige Platz für solche Verzeichnisse oder Listen ist meist vor dem Literaturverzeichnis.

7.2 Struktur und Gliederung

Bei längeren Textbeiträgen (z.b. für Bücher oder Dokumentationen) muss dem Leser die inhaltliche Gliederung deutlich gemacht werden, damit er sich leichter orientieren kann und an jeder Stelle seinen „Standort" kennt.

Kapitel und Abschnitte

Gliedern Sie Ihren Beitrag zunächst nach thematischen Schwerpunkten in einzelne Kapitel und geben Sie jedem Kapitel eine kurze, aussagekräftige Überschrift. Die einzelnen Kapitel können Sie mit Überschriften in Abschnitte und diese wiederum in Unterabschnitte unterteilen.

Die Position der Kapitel bzw. Abschnitte in der Gliederungshierarchie verdeutlichen Sie, indem Sie den Überschriften Ziffern voranstellen, die durch Punkte voneinander getrennt sind (Dezimalklassifikation). Die erste Ziffer entspricht dabei der Kapitelnummer, die zweite Ziffer der Abschnittsnummer im Kapitel usw. Die letzte Ziffer wird nicht mit einem Punkt abgeschlossen (also heißen die Kapitel bzw. Abschnitte z.B. 1, 1.1 und 1.1.1).

Achten Sie darauf, dass die inhaltliche Gewichtung und die Länge der einzelnen Kapitel ausgewogen sind. Vermeiden Sie also, dass einige Kapitel sehr lang, andere dafür besonders kurz sind. Das gilt für jede Gliederungsebene. Auf der untersten dezimalen Gliederungsebene sollten die Abschnitte nur wenige Druckseiten (oder bei klein gesetzten Werken unter Umständen auch nur eine Seite) umfassen. So bleibt der Text übersichtlich und Sie können Querverweise nach Abschnitten und nicht nach Seiten angeben. Mehr dazu können Sie in Abschnitt 7.4.2 erfahren. (Wie Sie sehen, wenden wir diese Verweisart auch in diesem Buch an!)

Damit die Abschnittsnummern übersichtlich und gut lesbar bleiben, soll – wie auch in DIN 1421 angegeben – die Dezimalgliederung auf der dritten Stufe enden.

Ausnahmen bestätigen natürlich die Regel: Insbesondere bei großen Sammelwerken kann die vierte Stufe in der Dezimalklassifikation durchaus sinnvoll sein.

Zwischenüberschriften

Wir empfehlen unseren Autoren, zur weiteren Untergliederung in der vierten Stufe halbfette und in der fünften Stufe kursive Überschriften zu verwenden.

Kurze Abschnitte der zweiten Gliederungsebene, deren weitere Untergliederung nach der Dezimalklassifikation aus inhaltlichen Gründen oder wegen der Länge der einzelnen Abschnitte nicht sinnvoll ist, lassen sich ebenfalls auf diese Weise strukturieren. So ist es auch in diesem Abschnitt ausgeführt.

Absätze

Bei allen Arten von Texten erleichtern Absätze das Lesen erheblich. Immer dann, wenn Sie in Ihrem Beitrag einen Gedankengang beenden, geben Sie ein Absatzzeichen ein. Bei dementsprechender Formatierung ist die Trennung der einzelnen Absätze dann optisch deutlich erkennbar. In diesem Buch beträgt z.b. der Abstand nach jedem Standardabsatz 6 Punkt; durch den Seitenumbruch und -ausgleich beim Satz ist der Abstand zwischen den Absätzen aber an vielen Stellen verändert.

Faustregel: Nach maximal 10 bis 12 Buchzeilen sollte ein neuer Absatz beginnen.

Marginalien

Marginalien stehen auf dem Seitenrand neben dem Fließtext. Sie geben eine wesentliche Aussage des nebenstehenden Texts schlagwortartig wieder oder erleichtern das Auffinden bestimmter Stichwörter. Wie Kapitel- und Abschnittsüberschriften sind Marginalien für den Leser wichtige Orientierungsmarken.

Marginalien müssen nicht unbedingt aus Text bestehen. Wiederholen sich Informationen, die durch Marginalien dargestellt werden sollen, an anderen Stellen und ist die Anzahl unterschiedlicher Marginalien in einem Text begrenzt, so sind auch Piktogramme (Symbole, Pfeile, Zeigehand, Ausrufezeichen usw.) zur optischen Orientierung am Seitenrand geeignet.

Ob und in welcher Form Marginalien einzusetzen sind, sollten Sie vor oder möglichst früh in der Phase der Manuskripterstellung mit dem Redakteur bzw. Verlag vereinbaren. Nicht bei jeder Art von Manuskript ist das Verwenden von Marginalien empfehlenswert, außerdem ist das Formulieren guter Marginalien nicht immer ganz einfach.

Sind die Inhaltsblöcke (die auch mehrere Absätze umfassen können) kurz und übersichtlich, haben wir in diesem Buch häufig Marginalien verwendet, bei längeren Absätzen – wie in diesem Abschnitt – halbfette Zwischenüberschriften. Einzige Kriterien dafür sind gute Lesbarkeit und Übersichtlichkeit des Textes.

Optische Hervorhebungen

Wenn Sie einzelne Wörter oder Satzteile hervorheben wollen, verwenden Sie hierzu am besten kursive Schrift. Eine auffällige Kennzeichnung durch halbfette Schrift stört den Lesefluss, besonders dann, wenn Sie diese Auszeichnungsart auf einer Textseite mehrmals anwenden.

Wörter, Satzteile

Wichtige Zusammenfassungen oder Merksätze können Sie durch

Merksätze, Zusammenfassungen

- Schriftart (z.b. kursiv oder in serifenloser Schrift),
- Textrahmen (dünne Linie) oder
- Unterlegung (in hellem Grau oder einer Farbe)

hervorheben. Serifenlose Schrift, Rahmen oder Unterlegungen sollten Sie ganz systematisch verwenden und nur dann, wenn es „regelmäßig aber nicht zu oft" möglich ist. Verwenden Sie dann für gleichartige Hervorhebungen die gleiche Auszeichnungsart.

Wollen Sie mehrere Einzelaussagen oder z.b. eine Reihe von Produkten auflisten, dann sollten Sie dafür ein auffälliges Aufzählungszeichen (z.b. den Blickfangpunkt „•") verwenden. Am besten lassen sich solche Aufzählungen lesen, wenn sie sprachlich in den Fließtext integriert sind, wie es z.b. im obigen Absatz „Merksätze, Zusammenfassungen" der Fall ist. Ist dies nicht möglich, dann sollte jeder Punkt der Auflistung in einem vollständigen Satz formuliert sein.

Auflistungen, Aufzählungen

Verwenden Sie bei einer weiteren Untergliederung der Aufzählung am besten den Gedankenstrich „–" als Aufzählungszeichen.

Am besten wirken Aufzählungen, wenn Sie „hängenden Einzug" verwenden. Dann beginnt der Text in der 2. Zeile eines Punktes der Aufzählung an der gleichen linken Kante wie der Text der 1. Zeile.

Nummerieren sollten Sie Aufzählungen nur dann, wenn die Liste eine zeitliche Reihenfolge widerspiegelt oder die Nummern eine Wertung repräsentieren.

7.3 Schreibstil und Schreibweisen

In diesem Abschnitt haben wir Hinweise zu gutem Stil, zur richtigen Schreibweise von Wörtern, Begriffen, Zahlen, Formeln und Sonderzeichen zusammengestellt. Zum Teil handelt es sich dabei um Vorschläge, zum Teil um feste Normen.

7.3.1 Guter Stil

Die folgenden Tipps sollen Ihnen helfen, Texte *verständlich* und zugleich *ansprechend* zu schreiben.

Persönlichen Stil verwenden!

Dort, wo es angebracht ist, sollten Sie Ihre Leser persönlich ansprechen („Sie"). Dieses Stilmittel hilft, einen einfachen und natürlichen Schreibstil zu entwickeln.

Anschauliche Vergleiche bieten!

Anschauliche Vergleiche oder Beispiele, die an die Erfahrung der Leser anknüpfen, machen einen Text leichter zugänglich („Man muss sich das vorstellen wie ...").

Durch Fragesätze Neugier wecken!

Ein Thema oder einen neuen Gedankengang können Sie auch mit einer Frage einleiten („Was sind die Vorteile der neuen Gerätegeneration? ..."). So wecken Sie die Neugier des Lesers auf die nachfolgenden Textpassagen.

Fremdwörter sparsam einsetzen!

Enthält ein Text viele Fremdwörter, dann ist er schwerer zu lesen und zu verstehen als ein Text mit wenigen Fremdwörtern. Verzichten sie daher auf Fremdwörter, für die es einen gleichbedeutenden, gebräuchlichen deutschen Begriff gibt!

Fachbegriffe erklären!

Erklären Sie dem Leser unbekannte Fachbegriffe beim ersten Gebrauch mit bekannten Worten!

Abkürzungen erläutern!

Geben Sie die Begriffe, die einer wenig bekannten Abkürzung zugrunde liegen, ausgeschrieben in Klammern an! Sie können in der ausgeschriebenen Version die Buchstaben, aus denen die Abkürzung gebildet ist, in kursive Schreibweise setzen, z.b. WWW (*World Wide Web*).

Einheitliche Benennungen verwenden!

Uneinheitliche Benennungen verwirren Leser. Achten Sie deshalb auf einheitliche Bezeichnung und Schreibweise von Gegenständen, Begriffen, Abkürzungen, Formelzeichen usw. im gesamten Text (einschließlich Bilder und Tabellen!).

Überschaubare Sätze bilden!

Der Leser muss die Sätze beim ersten Lesen verstehen können. Vermeiden Sie deshalb lange und komplizierte Schachtelsätze! Und wenn Ihr Text auch in andere Sprachen übersetzt werden soll, verringern einfache Sätze Übersetzungsfehler.

Satzlängen wechseln!

Texte mit gleich langen Sätzen wirken langweilig. Ein Wechsel von kürzeren und längeren Sätzen bringt Dynamik und Spannung in Ihre Sprache.

Aktiv formulieren!

Passivsätze sind generell schwerer verständlich als Aktivsätze. Sie haben kein handelndes Subjekt und sind leicht am Hilfsverb „werden" zu erkennen („Danach *wird* die Masterbaugruppe konfiguriert ..."). Sie können Passivsätze vermeiden, wenn Sie das handelnde Subjekt in den Satz einbeziehen („Konfigurieren *Sie* danach die Masterbaugruppe ..." oder „*Diese Software* konfiguriert die Masterbaugruppe ...").

Formulieren Sie Ihre Sätze nach Möglichkeit aktiv, aber tun Sie das nicht um jeden Preis, denn nicht immer sind aktiv formulierte Sätze besser als Passivsätze.

„Hauptwörterei" vermeiden!

Sätze mit vielen Hauptwörtern wirken steif. Hauptsache hierfür sind meist aus Verben, Adjektiven oder Adverbien gebildete Hauptwörter. Erkennbar sind solche Hauptwörter an den Endungen -ung, -keit, -ig usw. Formulieren Sie Ihre Sätze, indem Sie diese Wörter möglichst in ihrer ursprünglichen Form gebrauchen!

„Umklammerungen" vermeiden!

Durch eine Umklammerung *reißt* man ein Satzprädikat, das eigentlich zusammengehört, *auseinander.* Der Satz, den Sie gerade gelesen haben, ist ein Beispiel für eine solche Umklammerung. Die kursiv geschriebenen Worte gehören als Satzprädikat zusammen, umklammern aber den eingeschobenen Nebensatz. Solche Konstruktionen sollten Sie vermeiden! (Ohne Umklammerung ist der obige Satz schon besser: „Durch eine Umklammerung *reißt* man ein Satzprädikat *auseinander*, das eigentlich zusammengehört.").

Dass-Sätze vermeiden!

Aussagen mit vielen dass-Sätzen wirken umständlich. Oft lässt sich eine dass-Konstruktion vermeiden, wenn der einleitende Satzteil auf ein einziges Wort reduziert werden kann. Beispiel: „Es ist bekannt, dass ..." durch „Bekanntlich ...".

7.3.2 Richtige Schreibweisen

Viele Begriffe sind in Normen definiert und müssen genau wie dort geschrieben werden. In allen anderen Fällen gelten die Regeln der deutschen Rechtschreibung, die der Schreibweise im Duden und anderen Nachschlagewerken zugrunde liegen.

Wortzusammen-
setzungen

Zusammengesetzte Wörter sind eine Spezialität der deutschen Sprache. Nach einer Faustregel schreibt man Zusammensetzungen mit bis zu vier kurzen Wortbestandteilen ohne Bindestrich (z.b. Halbleiterbauelement, Hochspannungsfreileitung, Lichtwellenleiterkabel). Bei mehr oder längeren Wortbestandteilen (z.B. Dreiphasendrehstrommotor) empfiehlt es sich, die Wortzusammensetzung in kleinere Wortgruppen zu gliedern, die durch einen Bindestrich miteinander verbunden sind (Dreiphasen-Drehstrommotor). Dabei sollten Sie an der Stelle einen Bindestrich setzen, an der bei deutlichem, sinngemäßem Sprechen der Einschnitt entsteht.

Auch Kombinationen aus englischen Wörtern schreibt man nach den neuen Rechtschreibregeln im Allgemeinen zusammen, ebenso Kombinationen aus deutschen und englischen Wörtern (z.B. Filetransfer, Softwareentwicklung).

Mehr Informationen zu Wortzusammensetzungen finden Sie in Abschnitt 1.4 dieses Buchs.

Aus englischen Wörtern zusammengesetzte Begriffe

7.3.3 Zahlen und Formeln

Für die Schreibweisen von Zahlen und Formeln gibt es gewisse Regeln, die teilweise in Normen festgelegt, teilweise auch Erfahrungsregeln sind. Insbesondere in Fachveröffentlichungen sollten Sie diese Regeln einhalten!

Zahlen

Zahlen lassen sich in Ziffern oder als Zahlwörter angeben. Beispiele für die verschiedenen Arten von Zahlenangaben finden Sie in der folgenden Übersicht.

Beispiele	Zahlwort	Ziffer
Grundzahl	elf	11
Ordnungszahl	vierte	4.
Bruchzahl	ein Viertel	1/4
Jahreszahl	(nicht gebräuchlich!)	2000
Jahrzehnt	achtziger Jahre	80er Jahre
Zahl vor Einheiten	(nicht verwenden)	80 KBaud
Vervielfältigungszahlwort	dreifach	3-fach
Wiederholungswort	zweimal	2-mal
In Wortzusammensetzungen	Nullgradlinie, Fünfercode	0-Grad-Linie, 5er-Code

Bei Zahlangaben wird heute die Ziffernschreibweise vorgezogen. Wichtiger als die eine oder andere Zahlenschreibweise ist die Forderung nach einer einheitlichen Nennung im gesamten Beitrag: Schreiben Sie also nicht an einer Stelle z.B. „Nullgradlinie" und an anderer bedeutungsgleich „0-Grad-Linie".

Je nach Gebrauch schreibt man Ziffern und Maßangaben unterschiedlich, z.b:

* Einfache Zahlen
  87 654 321 (Gliederung in Dreiergruppen von rechts)
* Telefon(/Fax-)nummern
  (089)55 69 96 oder 089/8 11 96 69
  Nummern mit Landesvorwahl gibt man am besten in internationaler Schreibweise an, also z.b. +49 89 22 27 9
* Geldbeträge
  16,80 DM, 16 DM oder 16,– (Gedankenstrich)
* Zeitangaben
  12.30 Uhr oder 12^{30} Uhr

Formeln

Formeln sind eine besonders komplizierte Textform. Auch wenn Sie den Formelsatz nicht selbst ausführen, so müssen Sie dennoch wissen und angeben, welche Formelzeichen kursiv und welche senkrecht geschrieben werden sollen. Die Regeln hierfür sind in DIN 1304 festgelegt. Es folgen einige Beispiele.

Kursive Schreibweise:

* Variable Zahlen, die durch Buchstaben dargestellt werden: z.b. x, y
* Physikalische oder geometrische Größen: I (Strom), n (Drehzahl), α, β, γ (Winkel)
* Funktionszeichen, deren Bedeutung frei gewählt werden kann: $f(x)$, $g(x,y)$

Senkrechte Schreibweise:

* Zahlen, in Ziffern geschrieben
* Konstanten: π (Ludolfsche Zahl), e (Basis des natürlichen Logarithmus)
* Einheiten: A (Ampere), mF, mm
  Zwischen Zahl und Einheit sollten Sie jeweils ein geschütztes Leerzeichen setzen
  (Strg+Umschalt+Leertaste).
* Indizes
* Funktionszeichen mit feststehender Bedeutung:
  Σ (Summenzeichen), Δ (Differentialzeichen), sin
* Chemische Symbole: Al (Aluminium)

7.3.4 Sonderzeichen

Besondere Textpassagen sollten Sie mit Anführungszeichen kennzeichnen, z.b. Textpassagen, die wörtlich aus einem Buch, Schriftstück, Brief o.ä. übernommen sind, Titel von Zeitschriften oder Büchern, Eigennamen oder im übertragenen Sinn zu verstehende Redewendungen.

An- und Abführungszeichen

Empfehlung: Verwenden Sie Anführungszeichen möglichst sparsam, da zu viele Anführungszeichen beim Lesen störend wirken. Im deutschen Schriftsatz haben Anführungszeichen vorzugsweise die Form „ ", in Romanen auch » «.

Für den Lesefluß und die Verständlichkeit von Texten ist auch die Unterscheidung zwischen Gedanken- und Bindestrich von Bedeutung. Der Gedankenstrich (–) ist länger als der Bindestrich (-). In Textverarbeitungsprogrammen finden Sie den Gedankenstrich bei den Sonderzeichen, bei Word können Sie ihn mit der Tastenkombination „Strg" plus „-" (auf der Zehnertastatur) aufrufen.

Bindestrich und Gedankenstrich

Der Gedankenstrich wird gebraucht

* vor und nach einem Gedankeneinschub im Satz,
* als Aufzählungszeichen (siehe Abschnitt 7.2),
* als Ersatz für das Wort „bis" (8–12 Stück, Flugverbindung München–Berlin) und
* bei Angabe von DM-Beträgen (512,–).

Der Bindestrich trennt ein Wort am Zeilenende und gliedert längere Wortzusammensetzungen (siehe Abschnitt 1.4).

Aber: Geben Sie in Ihr Manuskript vor der Umbrucherstellung keine Worttrennungen ein, da sich der Zeilenumbruch fast immer verschiebt!

Gibt es mehrere Möglichkeiten (Fragestellung „oder"), gebraucht man überwiegend den Schrägstrich zur Angabe der Alternativen, z.b. bei „und/oder" oder „Telefon/Fax-Nr.". Bei Begriffen wie „Client-Server-Systemen" ist hingegen der Bindestrich zu benutzen; bei Analog-Digital-Konverter bzw. Analog/Digital-Konverter ergeben Bindestrich und Schrägstrich völlig verschiedene Bedeutungen.

Schrägstrich

Das Prozentzeichen gehört unserer Meinung nach zur Zahl und wird mit dieser zusammengeschrieben (7,25%).

Prozentzeichen

Bei Winkelangaben gehören Zahl und Gradzeichen zusammen (45°). Bei Temperaturangaben bilden hingegen Gradzeichen und Temperaturskala (Celsius, Fahrenheit) eine Einheit und sind durch ein geschütztes Leerzeichen von der Zahl zu trennen (120 °C).

Gradzeichen

Leerzeichen   Es gibt verschiedene Arten geschützter Leerzeichen. Zwischen Zahlen und Einheiten ist das „geschützte Leerzeichen" zu verwenden (Word: Strg+Umschalt+Leertaste), nach den Ziffern von Kapitelüberschriften ist der n-Abstand günstig, nach Aufzählungszeichen der n- oder m-Abstand.

Marken, Schutzrechtsvermerk   Marken kennzeichnen Waren und Dienstleistungen und dürfen als eingetragene Marken nur vom Inhaber für bestimmte Produkte genutzt werden. Marken müssen Sie kennzeichnen. Dabei ist die Marke in der Form zu verwenden, in der sie eingetragen ist. Beim ersten Gebrauch einer Marke in Ihrem Beitrag fügen Sie den Schutzrechtsvermerk (...®) an. Solange eine Marke noch nicht eingetragen ist, kennzeichnen Sie sie mit ™ (trade mark), nach der Eintragung verwenden Sie das Zeichen ®.

7.4 Verweise und Fußnoten

Die Leserfreundlichkeit eines Textes ist nicht zuletzt auch von der Art und Qualität der Verweise abhängig. Bilder bzw. Tabellen und Text sollten in einem inhaltlichen Zusammenhang stehen, der auch aus der Formulierung und der Art des Verweises zum jeweiligen Bild bzw. der Tabelle deutlich wird. Querverweise und Fußnoten schaffen dem Leser die Chance, sich genauer zu informieren, als es der Fließtext an dieser Stelle ermöglicht – ohne dass ihn der Lesefluss dazu zwingt.

7.4.1 Bild- und Tabellenverweise

Sind Bilder bzw. Grafiken nicht „selbsterklärend", so müssen ihre Aussagen auf jeden Fall im Text erläutert werden.

Tabellen sind spezielle Textinformationen (z.B. Werte), die nach einem besonderen Ordnungsschema zusammengestellt sind. Auch Tabellen müssen erläutert werden, wenn der Leser z.B. Gesetzmäßigkeiten bei den Werten erkennen soll.

Für den Leser wäre es ideal, wenn nach dem Bild- oder Tabellenverweis unmittelbar das Bild oder die Tabelle folgen könnte. Eine solche Anordnung führt aber im Normalfall zu einem äußerst unübersichtlichen Layout und ist nicht immer leicht realisierbar. Man nutzt diese Form nur in besonderen Fällen, zum Beispiel in Zeitschriften, bei Bildberichten oder bei Dokumentationen, bei denen die Bilder die eigentlichen Kernaussagen beinhalten.

Der Leser muss also normalerweise auf das entsprechende Bild oder die entsprechende Tabelle verwiesen werden, die – wenn möglich – auf derselben Seite oder Doppelseite stehen sollten. Der Verweis fordert den Leser auf, seinen Lesefluss zu unterbrechen und sich das Bild oder die Tabelle zu betrachten. Deshalb sollten Sie den Verweis möglichst an einer leicht wieder auffindbaren Stelle im Text setzen (z.b. am Absatzende).

Bildverweis

In der Verweisangabe steht die Bild- oder Tabellennummer, die auch in der Bildunter- oder Tabellenüberschrift angegeben ist. Bei den meisten Siemens-Fachbüchern besteht die Nummer aus zwei Ziffern, die durch einen Punkt getrennt sind. Die erste Ziffer gibt die Kapitelnummer an, in dem das Bild oder die Tabelle steht. Die zweite Ziffer ist das Ergebnis aus der fortlaufenden Nummerierung der Bilder bzw. der Tabellen innerhalb eines Kapitels. Bei den meisten Zeitschriften sind die Bilder innerhalb eines Artikels einfach von 1 an durchgezählt.

In unseren Büchern beginnen Bildunterschriften (in einer Art „Corporate Buchdesign") in halbfetter Schreibweise mit dem Wort „Bild" und der Bildnummer, Tabellenüberschriften mit dem Wort „Tabelle" und der Tabellennummer. Darauf folgt ein Kurztext mit der Kernaussage des Bildes oder der Tabelle. Bildunter- und Tabellenüberschriften sind in kleinerem Schriftgrad dargestellt wie der Fließtext.

Bildunter-/ Tabellenüber- schriften

Genausogut kann man die Bezeichnungen „Abb." oder „Abbildung" bzw. „Tab." verwenden, kann man Bilder und Tabellen vom Beginn bis zum Schluss ohne Kapiteluntergliederung durchzählen und sie statt in der Form „1.1" z.B. mit „1-1" usw. nummerieren. Das ist mehr oder weniger eine Frage des Geschmacks.

Im Bild verwendete Abkürzungen, Symbole oder grafische Muster sind in der Bildlegende zu erläutern. Bildlegenden stehen z.B. in unseren Büchern über der Bildunterschrift (siehe auch Abschnitt 7.5).

Bildlegenden

7.4.2 Querverweise

Werden Sachverhalte an anderer Stelle ausführlich erläutert, so sollten Sie den Leser auf die entsprechenden Stellen verweisen (Querverweis). Der Verweis auf einen Abschnitt ist dem Verweis auf eine Seite vorzuziehen; denn Abschnittsbezeichnungen können Sie bereits bei Manuskripterstellung angeben, endgültige Seitenzahlen stehen erst nach der letzten Umbruchkorrektur fest.

Besonders nachteilig sind Seitenangaben, wenn bei der Korrektur oder für Neuauflagen Inhalte geändert werden. Dann müssen die Seitenzahlen der Querverweise überprüft und eventuell korrigiert werden.

Beachten Sie: Verweise auf Abschnitte sind nur dann sinnvoll, wenn diese nicht mehr als 3 oder 4 Druckseiten umfassen.

7.4.3 Fußnoten

Fußnoten unterbrechen den Lesefluss, sind – trotz Desktop-Publishing – nicht einfach zu setzen und somit häufig eine Fehlerquelle. Deshalb sollten Sie Fußnoten möglichst vermeiden und entsprechende Kommentare in den Fließtext einfügen (z.B. in Klammern).

Sind Fußnoten aber wirklich unumgänglich (z.B. in juristischen Texten – so auch in Kap. 8 dieses Buches), dann können Sie bei maximal drei Fußnoten auf *derselben Druckseite* mit hochgestellten Sternzeichen (*) darauf verweisen. Diese Zeichen werden vor der Fußnote wiederholt. Bei mehr als drei Fußnoten sollten Sie mit hochgestellten Ziffern auf die Fußnote verweisen (Analysewerte[1]). Hinter Zahlen müssen die Ziffern mit einer Klammer abgeschlossen sein, damit sie als Fußnotenzeichen und nicht als Exponent verstanden werden.

7.5 Das Bild – Gestaltung und Technik

Technische Sachverhalte lassen sich oft sehr viel besser im Bild darstellen als im Text. Bedenken Sie also: Ein Bild sagt mehr als 1000 Worte!

Grundsätzlich ist zwischen zwei Arten von Abbildungen zu unterscheiden, Halbton- und Strichabbildungen. Halbtonabbildungen sind im Normalfall Fotos, Strichabbildungen sind grafisch erstellt.

Fotos müssen aussagekräftig und deren Bildausschnitte optimal gewählt sein. Grafiken sind wohlproportioniert zu gestalten, d.h. die Größen der Bildelemente, der Verbindungslinien und der Beschriftung müssen zusammenpassen, und die

Rasterung oder Farbgestaltung ist so zu wählen, dass sie mit den Inhalten der Grafik harmoniert.

Bilder werden (falls es nicht einen separaten Bildteil gibt) in der Nähe des Bildverweises positioniert, bei unseren Büchern z.b. bevorzugt am Kopf oder Fuß einer Seite (siehe auch Abschnitt 7.4.1). Bildunterschriften setzt man normalerweise etwas kleiner als die Grundschrift des Fließtextes; für Bildnummern bietet sich die Auszeichnung mit halbfetter Schrift an.

Halbtonabbildungen

Vorlagen für Halbtonabbildungen können Sie als   Vorlagen

* Fotos,
* Dias
* auf digitalen Datenträgern (Diskette, CD-ROM, Wechselplatte) oder
* per E-Mail (kleinere Datenmengen) bzw. ISDN (größere Datenmengen)

liefern. Für 1-farbigen Druck sollten Sie 1-farbige Vorlagen liefern, für 4-farbigen Druck 4-farbige Vorlagen. Für Zeitschriftenartikel benötigen Sie normalerweise Farbvorlagen, für Dokumentationen und Fachbücher meist Schwarzweißvorlagen. Manche Fachbücher enthalten auch einen farbigen Bildteil, der z.b. einen oder zwei Druckbogen, also 16 oder 32 Seiten umfassen kann.

Achten Sie unbedingt auf die Qualität der Vorlage – auf Kontrast, Schärfe und Sauberkeit! Die Auflösung für eine gute Wiedergabe beträgt 300 dpi, wenn das Bild in Originalgröße abgebildet werden soll.

Ein Bild lässt sich normalerweise fast beliebig verkleinern   Bildgröße
oder vergrößern, allerdings müssen Breite und Höhe zum Seitenlayout passen und der Informationsinhalt ist in einer ansprechenden Größe darzustellen. Ein Bild sollte nicht zu viele, aber auch nicht zu wenige Details darstellen.

Das Verbessern einer Bildvorlage durch Retusche in der   Bildqualität
Lithoanstalt ist oft nur in begrenztem Umfang möglich und unter Umständen auch sehr teuer. Nicht als Vorlage geeignet ist ein gerasterter Druck, der direkt aus einer Publikation übernommen wurde. Durch die nochmals stattfindende Rasterung kann ein unschönes Muster entstehen (Moiré), außerdem nimmt die Schärfe des Bildes ab.

Strichabbildungen

Strichabbildungen bestehen aus vollen gedeckten und unge-
deckten Flächen (auch Linien oder Punkte gelten als
Flächen). Teilbereiche davon können mit einem Raster unter-
legt werden.

In unseren Büchern haben sich für technische Grafiken die
folgenden Vorgaben bewährt:

Linienstärken:

- 0,4 pt (=0,15 mm) für Netze und Bezugslinien,
- 0,8 pt (=0,3 mm) für Hauptteile und
- 1,3 pt (=0,5 mm) für hervorzuhebende Teile.

Rasterung von Bildteilen:

- 15%, 30% und 45% schwarz,
- 30%, 60% und 100%, wenn außer Schwarz noch eine
  Farbe verwendet wird.

Sind Linien oder Raster zu dünn, so sind sie im Druck nicht
sichtbar. Bei zu grober Ausführung zerstören sie die Optik
des Gesamtbildes. Zwischen den einzelnen Stufen sollte zur
besseren Unterscheidung ein genügender Kontrast vorhanden
sein.

Bild 7.1 zeigt eine typische Schemazeichnung, bei der oben
angegebene Linienstärken und Rasterungen verwendet wur-
den.

Grafik-
programme
Nach dem heutigen Stand der Technik ist es bei Fachbüchern,
Vertriebsunterlagen oder Dokumentationen am günstigsten,
wenn der Autor die Grafiken selbst erstellt (es sei denn, die
Grafiken sollen besonders attraktiv aufbereitet sein). Als
Grafikprogramme kommen CorelDraw, FreeHand oder Ado-

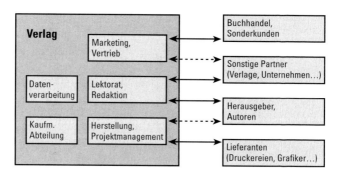

Bild 7.1 Beispiel für eine Schemazeichnung

be Illustrator in Frage sowie nur bedingt Powerpoint und die Word-Zeichnungsfunktion, da sie häufig technische Probleme bei der Umsetzung verursachen.

Die beste Weiterverarbeitung ist gewährleistet, wenn Sie jede fertige Grafik in einer separaten Datei abspeichern. Gewöhnlich ist dabei das Format „Postscript" bzw. „Encapsulated Postscript" (eps) zu verwenden. Für eventuelle nachträgliche Korrekturen benötigt der Verlag noch zusätzlich die offene Datei. Aus produktionstechnischen Gründen sollten Sie hierfür kein PDF (Portable Document Format) liefern.

Wenn Sie mit einem Verlag zusammenarbeiten, sollten Sie die Bildgestaltung möglichst früh mit dem zuständigen Redakteur oder Producer absprechen. Ihr Partner im Verlag gibt Ihnen die exakte oder die maximale Breite und Höhe für die Grafiken vor und sagt Ihnen, welche Linienstärken oder Rasterungen Sie verwenden können, wenn Ihr Grafikprogramm nicht die vom Verlag bevorzugten Möglichkeiten bietet.

Gestaltungsvorgaben durch einen Verlag

Ihr Arbeitsaufwand für die Bildgestaltung (und der Korrekturaufwand im Verlag) ist dann am geringsten, wenn Sie 2 oder 3 Grafiken gestalten, diese mit dem Redakteur besprechen und die Änderungswünsche bei diesen und den weiteren Grafiken dementsprechend umsetzen. Kommen bei weiteren Grafiken neuartige Elemente hinzu, sollten Sie diese gleich mit dem Redakteur besprechen.

Für die Beschriftung der Grafiken empfiehlt sich eine serifenlose Schrift. In unseren Büchern verwenden wir im Normalfall Helvetica oder Univers. Die Schriftgröße für die Bildbeschriftung beträgt in unseren Büchern meist 8 pt, das entspricht einer Höhe der Großbuchstaben (Versalhöhe) von ca. 2 mm. Zum Hervorheben einzelner Teile der Bildbeschriftung verwenden Sie am besten fette Auszeichnung, nicht größere Schrift.

Bildbeschriftung

Ob Bildelemente mittenzentriert oder linksbündig beschriftet werden sollen, hängt von der Länge der Beschriftung ab. Bei kurzen Beschriftungen ist Mittenzentrierung vorzuziehen, bei längeren Linksbündigkeit. Auf jeden Fall ist dabei aber auf Einheitlichkeit bei allen Bildern zu achten.

Oft ist es auch günstig, Bildelemente zu nummerieren und die Erläuterung dieser Elemente neben oder unter das Bild zu stellen oder in die Bildunterschrift zu integrieren (Bildlegende). Vor allem, wenn die Bildinhalte für Ausgaben in anderen Sprachen verwendet werden sollen, lassen sich damit Arbeit und Kosten sparen.

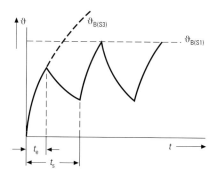

Bild 7.2 Einfaches Diagramm ohne Angabe exakter Größen

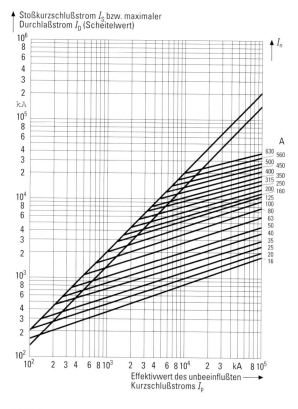

Bild 7.3 Komplexes Diagramm mit Bezugslinien

Wenn Sie Diagramme erstellen, ist es wichtig, dass Sie auf einheitliche Darstellung und einheitliche Beschriftung der Diagramme achten. Zu beachten sind

Diagramme

• Beschriftung der Achsen mit Zahlen,
• Beschriftung der Achsen mit Einheiten (z.b. „mm"),
• Beschriftung der Achsen mit Größen (z.b. „Länge") und
• Stand der Pfeile in Richtung der Achsen.

Bei gleichartigen Diagrammen ist möglichst auch der gleiche Maßstab für die einzelnen Achsen zu wählen. Die Bilder 7.2 und 7.3 zeigen typische Diagramme, wie sie der in unserem Verlag üblichen Gestaltung entsprechen.

7.6 Tabellengestaltung

Eine Tabelle ist eine systematische und kompakte übersichtliche Darstellung von Daten.

Einfache Textlisten sollten Sie nicht als Tabelle darstellen, sondern im laufenden Text unterbringen.

Wie Bilder sollten sich auch Tabellen in unmittelbarer Nähe der Verweisangabe im Text befinden (siehe auch unter 7.4.1), in unseren Büchern wahlweise am Kopf oder am Fuß der Seite mit etwa 2 Leerzeilen Abstand zum Text.

Im Allgemeinen wählt man Schriftgrad und Zeilenabstand etwas kleiner als für den Grundtext. Auch ist bei der Erstellung die Spaltenbreite bzw. Breite des Satzspiegels zu beachten. Tabellen sollten möglichst auf eine Seite, im Ausnahmefall auf eine Doppelseite passen. Eine Tabelle, die über mehrere Seiten läuft, ist unübersichtlich.

Tabelleninhalte werden normalerweise linksbündig gesetzt, da sich damit ein ruhigeres Schriftbild ergibt als bei mittenzentriertem oder Blocksatz. Der Abstand zwischen den einzelnen Zeilen und Spalten ist so zu wählen, dass Informationsblöcke deutlich als solche zu erkennen sind. Dadurch darf die Tabelle aber nicht „zerrissen" wirken.

Insgesamt sollte die Gestaltung so dezent wie möglich sein, damit das Äußere nicht vom Inhalt ablenkt (dünne Linien, sparsame Verwendung von Auszeichnungen, z.B. kursive Schrift oder graue Unterlegung einzelner Zeilen oder Spalten wie im Kapitel 4).

Tabelle 7.1 Offene Tabelle ohne spezielle Auszeichnung

	Kapitel 1	Kapitel 2	Kapitel 3	Glossar
Autor	Hansen	Müller	Schmidt	Hofmann
Korrektor	Meyer	Olsen	Oppenheim	Schröder
Freigabe	Thaler	Merz+Frick	Hürlimann	–

Tabelle 7.2
Geschlossene Tabelle mit verschiedenen Auszeichnungen

Jahr	1	2	3	4	Summe
Variante A					
Umsatz	–	–	100	50	150
Kosten	30	80	10	–	120
Ergebnis	–30	–80	90	50	30
Variante B					
Umsatz	–	10	110	40	160
Kosten	70	70	–	–	140
Ergebnis	–70	–60	100	40	20

Tabelle 7.1 zeigt eine offene Tabelle ohne spezielle Auszeichnung, mit Kopf-, Hals-, Fuß- und Längslinie (das ist die
senkrechte Linie), Tabelle 7.2 eine aufwendigere, geschlossene Tabelle mit verschiedenen Auszeichnungen.

7.7 Richtiges Zitieren

Wenn Sie Texte, Bilder, Tabellen aus Büchern, Zeitschriften
oder Ähnlichem verwenden, müssen Sie dies in Ihrem Beitrag als Zitat angeben (Nicht-Zitieren ist kein Kavaliers-
delikt, sondern Diebstahl geistigen Eigentums!). Bei größeren Textteilen, Bildern und Tabellen, die Sie unverändert
übernehmen wollen, benötigen Sie auch eine Abdruck-
genehmigung vom Inhaber des Copyrights.

Generell empfiehlt es sich, die genauen Quellenangaben in
einem separaten Literaturverzeichnis aufzuführen. In dieses
Verzeichnis können Sie auch weiterführende Literatur zum
Thema aufnehmen und so dem Leser eine Literaturliste
anbieten, mit deren Hilfe er sich zusätzlich informieren kann.

Wenn Ihr Text nur sehr wenige Zitate enthält, können Sie die genauen Quellenangaben in Klammern mit den Vermerken „entnommen aus: ..." oder „nach ..." an den betreffenden Stellen anfügen (im Bild unter der Bildunterschrift, in der Tabelle unter der Tabellenüberschrift).

Literaturverweise im Fließtext

Das Literaturverzeichnis können Sie alphabetisch nach Verfassern oder in der Reihenfolge der Titelnennung im Beitrag sortieren. Im Text müssen Sie dann die Verfasser angeben oder mit Nummern auf die entsprechenden Quellenangaben im Literaturverzeichnis verweisen. Die Nummern sind in eckigen Klammern anzugeben [...]. Auch für die Autorenverweise ist diese Form sinnvoll (nach [Autorenname]), man kann den Autor und/oder dessen Werk aber auch einfach im Fließtext erwähnen.

Das Literaturverzeichnis

International gibt es letztlich bis heute keine einheitliche Regelung für Titelangaben. Die folgenden Regeln beruhen im Wesentlichen auf DIN 1505 Teil 2, Titelangaben von Schrifttum, Zitierregeln, Ausgabe Januar 1984. Sie beziehen sich auf Bücher und Zeitschriften. Bei anderen Schrifttumsarten, wie z.B. Tagungsschriften, Forschungs- oder Entwicklungsberichten, können Sie sinngemäß nach denselben Regeln verfahren. Im Zweifelsfall müssen Sie sich das DIN-Normblatt besorgen.

Titelangaben

Geben Sie die Buchtitel am besten nach folgendem Schema an:

Titelangaben von Büchern

Verfasser 1; Verfasser 2; ...: Titel, Untertitel. Band. Auflage. Erscheinungsort: Verlag, Erscheinungsjahr.

Die Satzzeichen trennen die verschiedenen bibliographischen Angabefelder.

Verfasser: Mehrere Verfasser sind jeweils durch Semikolon voneinander zu trennen. Dem Familiennamen folgt durch Komma und Leerzeichen getrennt die Initiale des Vornamens. Die Verfasserfunktionen werden den Namen abgekürzt in Klammern angefügt: (Hrsg.), (Mitarb.), (Bearb.), (Übers.).

Titel: Enthält der Haupttitel zuwenig Information für den Leser, können Sie – durch Kommazeichen getrennt – auch noch den Untertitel angeben.

Bandangabe: Diese Angabe ist nur bei Sammelwerken notwendig. Gegebenenfalls sollten Sie zusätzlich auch den Reihentitel angeben.

Auflage: Abgekürzt angeben, z.B. 5. Aufl.

Erscheinungsort: Bei mehreren Verlagsorten genügt als Erscheinungsort der erstgenannte.

Verlag: Verlag in Kurzform ohne das Wort „Verlag" und die Gesellschaftsform, z.b. nur: Springer

Erscheinungsjahr: Laut Impressum

Beispiel:

Mahlke, G.; Gössing, P.: Fiber Optic Cables. 5. Aufl. Erlangen: Publicis MCD, 2000.

Zur weiteren Erläuterung ließe sich hier noch der Untertitel angeben, was aber meistens „Luxus" ist.

Titelangaben von Zeitschriftenbeiträgen

Geben Sie die Zeitschriftenbeiträge nach folgendem Schema an:

Verfasser: Titel. Zeitschriftentitel. Band (Erscheinungsjahr). Heftnummer, Seiten

Verfasser: Mehrere Verfasser sind durch Semikolon voneinander zu trennen. Dem Familiennamen folgt durch Komma und Leerzeichen getrennt die Initiale des Vornamens.

Titel: Enthält der Titel des Beitrags zuwenig Information für den Leser, können Sie – durch Kommazeichen getrennt – auch noch den Untertitel angeben.

Zeitschriftentitel: Häufig vorkommende Zeitschriftentitel können Sie auch gekürzt angeben. Für viele Zeitschriftentitel gibt es allgemein verwendete Kurzformen.

Bandzählung: Ohne Bezeichnung „Jahrgang", „Bd.", „Vol.", in Klammern das Erscheinungsjahr ergänzen.

Heftnummer: Abgekürzt „H. ..." (oder bei englischen Titeln) „No. ..."

Seitenzahl: Abgekürztes „S. ..." (bei nur zwei Seiten steht „und", bei mehr Seiten „bis" zwischen den Zahlen) bzw. „P. ..."

Beispiel:

Nitzsche, U.: Neue Fahrerinformationssysteme. Components 33 (1995). H. 3, S. 72 und 73

7.8 Das Stichwortverzeichnis

Alle Bücher, die Leser auch zum Nachschlagen benützen, benötigen ein Stichwortverzeichnis, d.h. in der Regel jedes Lehr- oder Fachbuch. Ist das Stichwortverzeichnis gut, so haben Sie Ihrem Werk damit besondere Qualität verliehen, denn vielen Büchern merkt man an, dass das Anfertigen des Stichwortverzeichnisses zu den weniger attraktiven und auch nicht zu den einfachsten Aufgaben eines Autors zählt.

Das Stichwortverzeichnis sollte nicht mehr und nicht weniger als alle diejenigen Begriffe enthalten, die im inhaltlichen Zusammenhang Ihres Buchs bzw. Beitrags besonders erwähnenswert sind.

Im Stichwortverzeichnis sind alle Begriffe in alphabetischer Reihenfolge aufgelistet. Beschränken Sie sich zu jedem Stichwort auf möglichst 3 Verweisangaben; denn Ihr Leser möchte an den angegebenen Stellen nur Wesentliches im Zusammenhang mit dem Stichwort erfahren.

Im Normalfall enthält das Stichwortverzeichnis Seitenangaben, bei hochstrukturierten Texten ist auch die Angabe der Abschnittsnummern möglich – was allerdings äußerst selten der Fall ist.

Wie erstellt man ein Stichwortverzeichnis?

Der optimale Weg zum Erstellen eines Stichwortverzeichnisses ist auch in erfahrenen Redaktionen umstritten.

Für Sie als Autor ist es der einfachste Weg, das Stichwortverzeichnis zu erstellen, wenn Ihnen der Seitenumbruch zur Korrektur vorliegt. Sie markieren die Stichwörter in einer Kopie des Umbruchs, tragen die Begriffe und Seitenzahlen am PC in eine Liste ein. *(Liste auf Basis des Umbruchs)*

Sie können die Stichwortliste aber auch an Hand Ihres Manuskripts erstellen, müssen dann aber bei der Umbruchkorrektur die Seitenangaben nachtragen. *(Liste auf Basis des Manuskripts)*

Der dritte, aber teurere und deshalb von Verlagen (was meist auch im Interesse des Autors liegen sollte) nicht so gern gesehene Weg ist der, dass Sie im Manuskript oder im Umbruch die Stichwörter markieren und der Setzer das Stichwortverzeichnis erstellt. Tut er das auf der Basis des Manuskripts, bleibt Ihnen immer noch die Arbeit des Eintrags der Seitenzahlen, tut er es auf der Basis des Umbruchs, dann bleiben *(Markieren in Manuskript oder Umbruch)*

Ihnen immer noch das Korrekturlesen und eine „sichere" Anzahl von Stichproben.

Nach unserer Meinung ist die Mischung aus den Möglichkeiten 1 und 2 ein sehr guter Weg:

• Sie markieren die Stichwörter (mit Textmarker oder durch Unterstreichen) im Manuskript,
• erstellen die Liste der Stichwörter mit dem PC,
• geben sie mit dem Manuskript zum Satz (oder wenn's eilt, kurz danach),
• markieren die Stichwörter in einer Kopie des Korrekturumbruchs und
• tragen die Seitenzahlen in das Stichwortverzeichnis des Korrekturumbruchs ein.

Dieser Weg hört sich zwar kompliziert an, garantiert aber ein schnelles Vorgehen in der Phase der Umbruchkorrektur. Die Kopie des Umbruchs mit den markierten Stichwörtern sollten Sie sich aufheben, dann haben Sie bei einer Neuauflage Ihres Werks eine ideale Vorlage zur Aktualisierung des Stichwortverzeichnisses. Spätestens in dieser Phase werden Sie sich über den vorher beschrittenen Weg freuen.

Mit den modernen Textverarbeitungsprogrammen ist es natürlich auch möglich, die Stichwörter in der Datei zu markieren, hierbei ist aber vorherige Absprache mit dem Verlag nötig.

Wie sieht ein Stichwortverzeichnis aus?

Es gibt unterschiedliche Möglichkeiten der Auflistung der Stichwörter und verschiedene Möglichkeiten zur Angabe der Seitenzahlen. Einige davon wollen wir hier vorstellen.

Im einfachsten Fall listet man alle Stichwörter alphabetisch auf. Ein Stichwort muss dabei nicht unbedingt aus nur einem Wort bestehen, es kann auch ein zusammengesetztes Wort oder eine Kombination von Wörtern sein.

Spezifizierungen übergeordneter Stichwörter oder Wortzusammensetzungen, bei denen die Erläuterung im Fließtext vor dem im Verzeichnis aufgelisteten Stichwort steht, können Sie in den Zeilen unter dem jeweiligen Stichwort aufführen, z.B. indem Sie die Zeile mit einem Gedankenstrich und einem Komma beginnen und dann die Spezifizierung bzw. den zusätzlichen Wortteil angeben.

Beispiel:

Arbeitspaket
–, Definition
–, Referenz-

Bei Bedarf können Sie z.B. aus zwei Wörtern zusammengesetzte Stichwörter zweimal angeben.

Beispiel:

Arbeitsrecht
...
Recht, Arbeits-

Auch bei den Seitenangaben gibt es mehrere Möglichkeiten: Seitenangaben

• Sie können jeweils die Seiten angeben, bei denen der Text
  zu dem Stichwort beginnt.
• Sie können f. oder ff. angeben, wenn der Text auf der nächsten oder den weiteren Seiten weiterläuft.
• Sie können die wichtigsten Seitenangaben fett setzen.

Wie Sie tatsächlich vorgehen, sollten Sie in der Endphase der
Manuskripterstellung mit dem Redakteur abklären, denn je
nach Umfang und Gehalt des Werkes ist eine andere Art von
Stichwortverzeichnis empfehlenswert.

Zum Abschluss dieses Abschnitts als nachahmenswertes
Beispiel noch ein Auszug aus einem hervorragenden Stichwortverzeichnis:

Änderungsprozess
–, begleitender **51**
AKZ siehe Auftragskennzeichen
Auftragskennzeichen **85 f.**, 90
Aufwandsschätzverfahren 130
– SLIM- **132 ff.**, 140

8 Der Urheber und seine Rechte

Mit der Schaffung des Urheberrechtsgesetzes (UrhG) vom
9.9.1965, das zuletzt am 01. Juni 1998 geändert wurde, ver-
folgte der Gesetzgeber das Ziel den Schutz des Urhebers zu
verbessern, wobei die Person des Urhebers und nicht das
Werk von zentraler Bedeutung ist. Das UrhG gewährleistet
diesen Schutz, indem es bei dem Produkt der urheberischen
Leistung ansetzt, also das Werk als Gegenstand des
Urheberrechtsschutzes betrachtet.[1]

In Deutschland entsteht der Urheberschutz kraft Gesetzes
und kann nicht durch eine Hinterlegung oder Eintragung des
Werkes oder sonstige amtliche Handlungen erreicht werden.

8.1 Voraussetzungen des urheberrechtlichen Schutzes von Werken

§ 7 UrhG definiert den Urheber als Schöpfer des Werkes, das
eine persönliche (menschliche) geistige Schöpfung sein muß
(§ 2 Abs. 2 UrhG), die in einer wahrnehmbaren Form ihren
Niederschlag gefunden hat. Die „persönliche geistige
Schöpfung" erfordert auch, dass das Werk ein Produkt des
individuellen geistigen Schaffens des Urhebers darstellt, da
nur individuelle Teile eines Werkes vor Nachahmung
geschützt sind. Die Individualität kann sich aus der
Konzeption wie aus der Formgebung des Werkes ergeben.[2]
Die geistig-schöpferische Leistung muß aber immer ein
bestimmtes Mindestmaß erreichen, was an der „Gestaltungs-
höhe" gemessen wird.[3] Die Rechtsprechung beurteilt dies
„im Gesamtvergleich des geistig-schöpferischen Gesamt-
eindrucks der konkreten Gestaltung gegenüber vorhandenen
Gestaltungen und grenzt es so von dem Alltäglichen ab".[4]

In § 2 Abs. 1 UrhG werden schutzfähige Werke beispielsweise aufgezählt. Geschützt sind nur Werke, die der
Werkkategorie der Wissenschaft, Literatur oder Kunst ange-
hören. In § 4 Abs. 2 S. 1 UrhG werden seit dem 1.1.1998
auch Datenbanken als Sammelwerke i.S.d. § 4 Abs. 1 UrhG
dem urheberrechtlichen Schutz unterstellt. Zudem werden
dem Datenbankhersteller die Leistungsschutzrechte gemäß
§§ 87 a ff. UrhG zuteil.

Genießt ein Werk urheberrechtlichen Schutz, so erlischt das Urheberrecht gemäß § 64 UrhG 70 Jahre nach dem Tod des Urhebers bzw. gemäß § 65 Abs. 1 UrhG 70 Jahre nach dem Tod des längstlebenden Miturhebers, wenn mehrere Urheber ein Werk geschaffen haben. Hingegen genießen Datenbanken gemäß § 87 d UrhG einen Schutz von nur 15 Jahren.

8.2 Verwertungs- und Nutzungsrechte

Der Urheber ist Rechtsinhaber der Verwertungsrechte i.S.d. §§ 15 ff. UrhG an seinem Werk, die ihm das ausschließliche Recht geben dieses in körperlicher und unkörperlicher Form zu verwerten und öffentlich wiederzugeben. Die Verwertungsrechte sichern die Kontrolle über die Nutzung des Werkes und geben dem Urheber die Möglichkeit einen wirtschaftlichen Nutzen daraus zu ziehen.[5] Dies findet in der Regel durch die entgeltliche Einräumung von Nutzungsrechten gemäß §§ 31 ff. UrhG an einen Dritten in Form eines Vertrags mit dem Urheber statt. Die Nutzungsrechte sind das wichtigste rechtliche Instrument für die wirtschaftliche Verwertung von Urheberrechten.

Durch den Abschluß eines Verlagsvertrags zwischen Urheber und Verlag werden letzterem nur die Nutzungsrechte an dem Werk eingeräumt, denn das Urheberrecht selbst und die Verwertungsrechte sind gemäß § 29 S. 2 UrhG einer Übertragung nicht zugänglich. Eine Ausnahme hierzu bildet nur die Rechtsnachfolge kraft Todes des Urhebers (vgl. §§ 28 ff. UrhG). Erlischt die Grundlage, auf der die Rechtseinräumung basiert, so fallen die eingeräumten Nutzungsrechte wieder an den Urheber zurück. Der Verlagsvertrag kann schriftlich, mündlich oder durch schlüssiges Verhalten geschlossen werden, wobei sich die Schriftform zum Zwecke der Beweissicherung empfiehlt. (Anm.: Bei Fachartikeln für Zeitschriften ist die mündliche Vereinbarung weitaus üblich.)

Die Einräumung des Nutzungsrechts kann einfach oder ausschließlich erfolgen (§ 31 Abs. 1 Satz 2, Abs. 2, 3 UrhG). Das ausschließliche Nutzungsrecht berechtigt den Verlag, das Werk unter Ausschluß aller anderen Personen einschließlich des Urhebers auf die Art zu nutzen, die den Inhalt des Rechts bildet, und weitere Nutzungsrechte einzuräumen (§ 31 Abs. 3 UrhG). Das einfache Nutzungsrecht hingegen berechtigt den Inhaber, das Werk neben dem Urheber oder anderen Berechtigten auf die ihm erlaubte Art zu nutzen (§ 32 Abs. 2 UrhG). Die Nutzungsrechte können auch räumlich, zeitlich oder inhaltlich beschränkt eingeräumt werden (§ 32 UrhG).

Bei Fachbüchern umfaßt die Einräumung von Nutzungsrechten in der Regel das ausschließliche Recht zur Verbreitung und Vervielfältigung des Werkes in Buchform
(Verlagsrecht i.s.d. § 8 VerlG) als Hauptrecht. Des weiteren
sollten für die Dauer des Hauptrechts zusätzlich auch ausschließliche Nebenrechte eingeräumt werden, um eine möglichst effiziente Nutzung des Werkes zu gewährleisten.

Im Allgemeinen sind alle betroffenen Nebenrechte (inklusive
der elektronischen Nutzung) im Verlagsvertrag aufgeführt.
Neben den vielfältigen Publikationsformen ist dabei meist
auch das Recht auf die Vergabe von Lizenzen zur Ausübung
der eingeräumten Nebenrechte durch Dritte enthalten.

8.3 Rechte und Pflichten des Verfassers

Der Verlagsvertrag gibt dem Verfasser einen Anspruch auf
eine dem Vertrag entsprechende Vervielfältigung und
Verbreitung des Werkes durch den Verlag (§§ 1, 14 VerlG).
Kommt der Verlag dem nicht in angemessener Weise nach, so
kann der Verfasser gemäß §§ 32, 30 VerlG vom Vertrag
zurücktreten. Als Gegenleistung für die Rechtseinräumung
erhält der Verfasser eine vereinbarte oder übliche Vergütung,
die in der Regel mit Ablieferung des Werkes fällig wird. Die
Höhe der Vergütung kann entweder am Seitenumfang, am
Umsatz oder am Umfang und Umsatz des Werkes bemessen
werden (§§ 22 ff. VerlG). Außerdem muß der Verlag dem
Verfasser eine vereinbarte Anzahl bzw. gemäß § 25 VerlG
eine gesetzliche Mindestanzahl von Freiexemplaren zur
Verfügung stellen.

Der Verfasser ist berechtigt, vor jeder Auflage selbst oder
durch Dritte Änderungen am Werk vorzunehmen, sofern
dadurch nicht ein berechtigtes Interesse des Verlags verletzt
wird. Dieses Recht steht ihm auch bis zur Beendigung der
Vervielfältigungsarbeiten zu. Allerdings muß er in diesem
Fall die Kosten übermäßiger Korrekturen dem Verlag erstat-
ten, sofern nicht inzwischen eingetretene wesentliche
Umstände diese Änderungen rechtfertigen (§ 12 VerlG).

Es liegt alleine beim Urheber, zu bestimmen, ob und wie sein
Werk veröffentlicht und mit seinem Namen verbunden wird.
Außerdem ist er berechtigt Entstellungen und andere
Beeinträchtigungen zu verbieten, die geeignet sind seine
berechtigten geistigen oder persönlichen Interessen an dem
Werk zu gefährden. So darf der Verlag als Inhaber eines
Nutzungsrechts ein Werk, dessen Titel oder Urheberbezeich-

nung nicht ohne Erlaubnis verändern (§ 39 UrhG). Allerdings ist zu beachten, dass normalerweise bei der Auswahl des Titels die Meinung des Verlags ausschlaggebend sein sollte.

Der Verfasser des Werkes muß dafür Sorge tragen, dass das Werk weder gegen Rechte Dritter noch gegen das Gesetz verstößt. Gegebenenfalls hat er eine entsprechende Genehmigung von dem Berechtigten einzuholen, um „fremde" urheberrechtlich geschützte Inhalte (Textpassagen oder Bilder) zu verwenden.

Ein weiteres Recht des Verfassers ist es, einen Verwertungsvertrag mit der VG Wort abzuschließen. Entsprechend diesem Verwertungsvertrag erhält der Autor nach einem festgelegten Schlüssel eine Vergütung für das Vermieten und Verleihen von Vervielfältigungsstücken. Die Einnahmen der VG Wort resultieren im Wesentlichen aus Beträgen, die von öffentlichen Bibliotheken entrichtet werden müssen.

Zu den Pflichten des Autors zählen, dass dieser dem Verlag das ausschließliche Nutzungsrecht zur Verbreitung und Vervielfältigung einräumt (§ 8 VerlG) sowie die termingerechte Ablieferung des druckfertigen Manuskripts in einem für die Vervielfältigung geeignetem Zustand, der von den Vertragsparteien vereinbart wird (§§ 10 f. VerlG). Für die Dauer des Vertragsverhältnisses hat der Autor gemäß § 2 VerlG jede wettbewerbsschädigende Handlung, insbesondere die Vervielfältigung und Verbreitung des gleichen, eines ähnlichen oder eines konkurrierenden Werkes zu unterlassen.

8.4 Rechte und Pflichten des Verlags

Pflichten des Verlags ergeben sich unter anderem aus den Rechten des Autors. Das eingeräumte Verlagsrecht verpflichtet den Verlag das Werk in zweckentsprechender und üblicher Weise zu vervielfältigen und zu verbreiten (§§ 1, 14 VerlG) sowie dafür zu werben.

Die Übertragung des Verlagsrechts ist nach der gesetzlichen Regelung im Zweifel nur mit der Zustimmung des Verfassers zulässig, der diese nur bei Vorliegen eines wichtigen Grundes verweigern kann (§§ 34 Abs. 1 UrhG, 28 VerlG).

Der Verlag ist grundsätzlich für die Korrektur des Werkes, d.h. das inhaltliche Übereinstimmen mit dem vom Autor gelieferten Manuskript zuständig. Einen Abzug hat er dem Verfasser zu übersenden (§ 20 Abs. 1 VerlG), den dieser unentgeltlich korrigiert und durch Anbringung des Vermerks

„druckfertig" für druckreif erklärt. Der Abzug gilt auch als „druckfertig", wenn der Verfasser sich nicht innerhalb einer angemessenen Frist zu ihm erklärt hat (§ 20 Abs. 2 VerlG).

Liefert der Verfasser das Manuskript nicht rechtzeitig ab, so kann der Verlag nach dem fruchtlosen Verstreichen einer Nachfrist von dem Vertrag zurücktreten oder Schadensersatz wegen Nichterfüllung verlangen (§ 30 VerlG). Er kann ein Manuskript auch ablehnen, wenn es den vereinbarten Umfang ohne vorherige Zustimmung des Verlags wesentlich überschreitet.

Der Ladenpreis wird vom Verlag nach pflichtgemäßem Ermessen bestimmt (§ 21 VerlG). Der Verlag ist des Weiteren zur rechtzeitigen Zahlung der vereinbarten Vergütung an den Verfasser verpflichtet (§ 22 VerlG).

Außerdem ist der Verlag verpflichtet, Künstlersozialabgabe in Höhe von mehreren Prozent der Vergütung für Verfasser, freischaffende Grafik-Designer, Redakteure usw. an die Künstlersozialkasse zu entrichten.

8.5 Der Herausgeber

Herausgeber eines Werkes kann sein, wer ein Werk nach bestimmten thematischen und systematischen Kriterien zusammenstellt, aber auch eine Person, die dem Werk „nur" seinen Namen verleiht.

Ein Herausgebervertrag verpflichtet eine Person oder Personenmehrheit, für ein aus mehreren thematisch zusammengehörenden Beiträgen bestehendes Werk („Sammelwerk") die einzelnen Verfasser zu engagieren, die Beiträge thematisch und inhaltlich aufeinander abzustimmen, das Werk zu edieren und zu redigieren mit dem Ziel das Sammelwerk als ein einheitliches Werk zu gestalten.

Erbringt der Herausgeber an dem Sammelwerk durch Auslese und Anordnung der einzelnen Beiträge eine persönliche geistige Schöpfung, so genießt das Sammelwerk einen vom Urheberrecht der einzelnen Beiträge selbständigen urheberrechtlichen Schutz (§ 4 Abs. 1 UrhG).

Das Vertragsverhältnis zwischen Herausgeber und Verlag kann auf einem „echten" Verlagsvertrag (§§ 1 ff. VerlG), einem Geschäftsbesorgungs- (i.S.d. § 675 BGB), Werk- (i.S.d. §§ 631 ff. BGB) oder Dienstvertrag (i.S.d. §§ 611 ff. BGB) beruhen. Durch diese verschiedenen Vertragstypen kann zwischen Herausgeber und Verlag genau geregelt werden, wer „Herr des Unternehmens" ist – d.h. wer das Unternehmen gründet und plant, den Titel wählt, die Mitarbeiter gewinnt, die Verträge mit ihnen schließt, diese betreut und koordiniert sowie das wirtschaftliche Risiko trägt.[6] Das gibt auch die Möglichkeit, dass für unterschiedliche Ausgaben oder Auflagen jeweils „der Geeignetste" die Rolle des Herausgebers übernimmt.

8.6 Mitarbeiter, Bearbeiter, Übersetzer und Schriftleiter

Für diese Gruppe von Verfassern kommt in erster Linie als Rechtsverhältnis zwischen den Parteien ein Werkvertrag in Betracht.

Der Verlag plant die Überarbeitung bzw. Übersetzung des Originalwerkes, holt sich hierfür die Einwilligung des Urhebers des Originalwerkes ein und überträgt die Übersetzung bzw. Bearbeitung einer geeigneten Person. Da die Bearbeitung bzw. Übersetzung urheberrechtlichen Schutz genießen kann (§ 3 UrhG), muß der Verlag sich die Nutzungsrechte an der Bearbeitung bzw. Übersetzung gegen Zahlung einer einmaligen Vergütung einräumen lassen.

Auch bei Sammelwerken, an denen etliche Verfasser beteiligt sind, wird in der Regel das Vertragsverhältnis zwischen Verlag und Mitarbeiter durch Werkverträge geregelt. Im Normalfall gibt hier der Herausgeber den Verfassern Form und Inhalt ihrer Beiträge vor.

8.7 Multimediarecht

Den Begriff „Multimedia" zu definieren ist nicht ohne weiteres möglich. „Multimedia" könnte durch das Zusammenwirken von kommunikationsvermittelnden Elementen und Interaktivität umschrieben werden. Der Brockhaus und der Duden definieren Multimedia als „die aufeinander abgestimmte Verwendung verschiedener Medien zum Zwecke des Unterrichts, der Unterhaltung oder des künstlerischen Ausdrucks".

Im Wege des Fortschritts eröffnen sich immer neue technische Möglichkeiten. So können „Multimedia-Produkte" entweder offline auf Diskette, CD-ROM und CD-I oder online, d.h. durch die Zugriffsermöglichung für Dritte auf Dateien mittels der Datenfernübertragung wie im Internet, angeboten werden.

„Multimedia-Produkte" als neue Nutzungsart?

Oft ist in Verträgen zwischen dem Urheber und dem Verwender eines Werkes eine Formulierung zu finden, die diesem das Recht einräumt, „den Beitrag des Autors für alle gegenwärtigen und zukünftigen Nutzungsarten zu verwenden". Eine solche Übertragung von im Zeitpunkt des Vertragsabschlusses noch nicht bekannten Nutzungsarten ist gemäß § 31 Abs. 4 UrhG unwirksam. Denn nach dem Willen des Gesetzgebers soll letztendlich dem Urheber die Entscheidung darüber vorbehalten sein, ob und wenn ja gegen welches Entgelt er sein Werk einer neuen Nutzungsart zuführt.[7] Nach der Rechtsprechung ist die Bekanntheit einer Nutzungsart i.s.d. § 31 Abs. 4 UrhG nur dann zu bejahen, „wenn die technischen Möglichkeiten und die wirtschaftliche Bedeutung sowie Verwertbarkeit der betreffenden Nutzungsart bekannt sind".[8]

Stellen „Off- und Online-Multimedia-Produkte" eine neue Nutzungsart dar oder ist es nur eine technische Art der Aufbereitung? Die Antwort ist entscheidend für den Umfang der Nutzungsrechte in Altverträgen.[9]

Die CD-ROM-Nutzung ist eher im Sinne einer neuen Nutzungsmöglichkeit zu interpretieren, weil sie insbesondere eine intensivere und schnellere Nutzung ermöglicht, die sich auch in der Form ihrer Wahrnehmung, Recherchemöglichkeit, Reproduzierbarkeit, Abnutzung und Lagerung für den Endbenutzer im Vergleich zu einem herkömmlichen Printmedium stark unterscheidet. Nach mittlerweile herrschender Ansicht sind sowohl die CD-ROM[10] als auch das Internet[11] als neue, selbständige Nutzungsart zu verstehen.

Der „Bekanntheits-Zeitpunkt" ist für die CD-ROM als Speichermedium für Text um 1988/89, für Bilder ab 1993[12] und für das Internet auf 1995[13] zu datieren. Ob die in „Altverträgen" eingeräumten Nutzungsrechte auch das Recht für CD-ROM- bzw Internet-Nutzung beinhalten, hängt davon ab, ob der Vertragsschluß früher oder später war. Die nachträgliche Veröffentlichung eines urheberrechtlich geschützten Werkes auf CD-ROM bzw. im Internet, für das die Nutzungsrechte vor dem jeweiligen „Bekanntheits-Zeitpunkt" eingeräumt worden sind, bedarf somit der Zustimmung des Urhebers. Das hat zur Folge, daß eventuell neue Verhandlungen zwischen Verwender und Urheber über diese neuen Nutzungsarten zu erfolgen haben. Zuwiderhandlungen können die Person, die ohne eine entsprechende Zustimmung des Urhebers vorgeht, zur Unterlassung und Schadensersatz verpflichten. In „neuen Verträgen" werden meistens explizite Vereinbarungen über diese Nutzungsrechte getroffen.

Sonderfall Internet

Das Internet ist international. Also stellt sich die Frage, welches nationale Urheberrecht bei Urheberrechtsverletzungen im Internet anzuwenden ist und inwiefern Individualvereinbarungen hiervon Abweichungen zulassen.

Nach dem „Schutzlandprinzip" richtet sich, wer als Urheber und erster Inhaber des Urheberrechts anzusehen ist sowie welche urheberrechtlichen Befugnisse einer Übertragung zugänglich sind.[14] Begeht eine Person eine unerlaubte Verwertungshandlung und soll dieser entgegengewirkt werden, so bestimmt sich der Inhalt des Urheberrechts nach der jeweiligen Rechtsordnung des Schutzlandes, auf dessen Territorium die unerlaubte Verwertungshandlung vorgenommen wird. Das bedeutet auch, dass es zu einer kumulativen Anwendung von nationalen Rechtsordnungen kommen kann.[15] Nach Art. 27 Abs. 1 EGBGB findet aber vorrangig das Urheberrecht Anwendung, welches von den Parteien vereinbart wird. Art. 34 EGBGB bestimmt allerdings, dass auch dann zwingende Vorschriften des deutschen Urheberrechts anzuwenden bleiben.[16]

Für die Beurteilung, ob im Internet abrufbare Daten und Webseiten (HTML-Seiten) urheberrechtlichen Schutz genießen, sind die gleichen Anforderungen zu stellen wie für andere Werke auch (siehe 8.1).

Wenn ein Autor sein Werk im Internet zum Abruf bereitstellt, übt er damit sein Veröffentlichungsrecht i.S.d. § 12 UrhG aus.[17]

Das Vervielfältigungsrecht i.S.d. § 16 UrhG gewährt dem Urheber eines geschützten Werkes das umfassende Recht, über dessen Vervielfältigung auch im Internet zu bestimmen. Eine Vervielfältigung ist in jeder stofflichen Fixierung des Werkes zu erblicken, die der menschlichen Sinneswahrnehmung in irgendeiner Weise unmittelbar oder mittelbar zugänglich ist.[18] Werden Dateien von einem Server über das Internet heruntergeladen (Download), so liegt in der Speicherung dieser Dateien auf der eigenen Festplatte[19] bzw. auch schon im Speichern im Arbeitsspeicher des Rechners[20]

(RAM-Speicher) eine Vervielfältigung i.S.d. § 16 UrhG vor. Allerdings ist auf § 53 UrhG hinzuweisen, der Vervielfältigungen zum privaten Gebrauch oder sonstigen eigenen Gebrauch gestattet.[21] § 16 UrhG findet Anwendung auf die Digitalisierung von Texten, Abbildungen, Musik und Videos im Internet, die urheberrechtlichen Schutz genießen. Hingegen ist eine Vervielfältigungshandlung bei Computerprogrammen gemäß § 69 c Abs. 1 Nr. 1 UrhG zu beurteilen.[22]

Werden einzelne Hyperlinks auf der eigenen Homepage abgelegt, die auf fremde Internetseiten verweisen, so liegt hierin keine Vervielfältigung, weil dem „Besucher" der eigenen Homepage durch den Hyperlink lediglich „der Weg zu der fremden Internetseite geebnet wird".[23] Umstritten ist die Frage, ob das Recht des Urhebers sein Werk gemäß § 15 Abs. 2 UrhG öffentlich wiederzugeben verletzt wird, wenn ein Abruf seines Werkes im Internet erfolgt. „Öffentlich" ist eine Wiedergabe nach § 15 Abs. 3 UrhG dann, wenn sie für eine Mehrzahl von Personen bestimmt ist.

Nach einer Ansicht ist dies beim Abruf von Daten im Internet nicht der Fall, da hier ein sukzessiver und kein simultaner Abruf stattfindet.[24] Nach einer anderen Meinung ist in dem Abruf einer Datei von einem Server im Internet das Senderecht des Urhebers i.S.d. § 20 UrhG betroffen. Dieser Meinung ist zuzustimmen, weil es im Internet durchaus möglich ist, dass mehrere Personen gleichzeitig in die Lage versetzt werden, auf eine Datei, die auf einem Server abgelegt ist, zuzugreifen und diese herunterzuladen. § 20 UrhG ist als nicht abschließende Regelung aufzufassen und eröffnet somit die Möglichkeit ihrer Anwendung auf einen Abruf von Dateien im Internet.[25]

---

[1] vgl. Schricker/Loewenheim, § 2 Rdnr. 2

[2] BGH NJW 1997, 1363, 1365; BGH NJW 1987, 1332

[3] Schricker/Loewenheim, § 2 Rdnr. 9 ff, 23 ff.; Fromm/Nordemann/Vinck, § 2 Rdnr. 9

[4] BGH NJW 1992, 689, 691; BGH NJW 1987, 1332; BGH NJW 1986, 192, 196

[5] Fromm/Nordemann/Vinck, § 15 Rdnr. 1; Schricker/v. Ungern-Sternberg, § 15 Rdnr. 2

[6] vgl. hierzu OLG Frankfurt NJW-RR 1986, 612

[7] BGH NJW 1997, 320, 322; BGH NJW-RR 1991, 429, 431; BGH NJW 1986, 1244, 1246

[8] BGH NJW 1996, 1496, 1497; BGH NJW-RR 1991, 429, 431

[9] vgl. hierzu BGH NJW 1997, 320, 322; Müller von der Heide, Internationale Entwicklung im Urheberrecht – in Europa, 1995, http://www.darmstadt.gmd.de/BV/agef_11a.html

[10] vgl. OLG Hamburg Urt. v. 05.11.98, 3U 212/97, JurPC Web-Dok. 193/1998 Abs. 37 ff., http://www.jura.uni-sb.de/jurpc/rechtspr/19980193.htm; Seiler, JurPC Web-Dok. 07/1999 Abs. 8 f., http://www.jura.uni-sb.de/jurpc/aufsatz/19990007.htm

[11] vgl. Bezirksgericht Amsterdam MMR 1998, 34 f.;
Wiederhold, JurPC Web-Dok. 29/1999 Abs. 29 f., 51 mwN.,
http://www.jura.uni-sb.de/jurpc/aufsatz/19990029.htm

[12] str., vgl. LG Hamburg NJW-CoR 1998, 308; Seiler, aaO. Abs. 17 ff.; Maaßen,
ZUM 1992, 338, 349

[13] str., vgl. Endter, NJW 1996, 975, 976; Hoeren, CR 1995, 710, 714

[14] vgl. BGH MMR 1998, 35

[15] Schricker/Katzenberger, Vor §§ 120 ff. Rdnr. 121; Wiederhold, aaO., Abs. 15

[16] vgl. Fromm/Nordemann, Vor § 120 Rdnr. 8; Schricker/Katzenberger,
Vor §§ 120 ff. Rdnr. 153, 166

[17] vgl. Fromm/Nordemann, § 6 Rdnr. 1

[18] vgl. Fromm/Nordemann/Vinck, § 16 Rdnr. 1; Schricker/Loewenheim, § 16 Rdnr. 6

[19] Fromm/Nordemann/Vinck, § 16 Rdnr. 1; Schricker/Loewenheim, § 16 Rdnr. 22

[20] str.; Nordemann/Goddar/Tönhardt/Czychowski CR 96, 645, 649;
Koch NJW-CoR 1996, 252; Schricker/Loewenheim, § 16 Rdnr. 19

[21] Details hierzu bei Fromm/Nordemann, § 53 Rdnr. 2 ff.; Loewenheim, Urheberrechtliche Grenzen der Verwendung geschützter Dokumente in Datenbanken,
S. 48 ff.; Strömer, Online-Recht, S. 175 ff.

[22] vgl. Schricker/Loewenheim, § 16 Rdnr. 16

[23] so auch Ernst, NJW-CoR 1997, 224; anschaulich Weinknecht, Urheberrecht im
Internet, http://www.weinknecht.de/uii01.html; ausführlich Strömer, Online-Recht,
S. 198 ff.; siehe LG Hamburg NJW-CoR 1998, 302 f. zur Haftung für Links

[24] so Schricker/v. Ungern-Sternberg, § 15 Rdnr. 23 ff., § 20 Rdnr. 9; Vogel, aaO.,
S. 15 f.; Loewenheim, aaO., S. 44 ff.

[25] vgl. Nordemann/Goddar/Tönhardt/Czychowski CR 96, 645, 649;
Müller-Hengstenberg, NJW 1996, 1777, 1779; Jaeger NJW 1995, 3273, 3275

9 Arbeitstechniken

Welche Art von Text auch immer man schreibt, zwei Dinge
sind dafür von elementarer Bedeutung, Kreativität und
Zeitplanung. Um Ihnen den Einstieg in die für Sie passenden
Methoden zu erleichtern, finden Sie in diesem Kapitel eine
Kurzfassung bewährter Arbeitstechniken. Der Schwerpunkt
liegt auf solchen Arbeitstechniken, die sich auch von einzelnen Personen anwenden lassen. Doch denken Sie daran,
wenn Sie Ideen sammeln, Texte strukturieren oder Ziele vereinbaren, auch Kollegen, Experten oder Bekannte zu befragen. Denn je umfassender Sie sich informieren, desto besser
können Sie sich einarbeiten und umso leichter wird Ihnen der
eigentliche Prozess des Schreibens fallen.

Auch Autorenteams möchten wir die erprobten Arbeitstechniken empfehlen: Probieren Sie aus, ob Sie Ihre Arbeit
optimieren können, wenn Sie an den entsprechenden Stellen
Brainstorming betreiben, das Utopiespiel oder die 6-Hüte-
Methode einsetzen.

Aber bevor wir uns konkret den einzelnen Techniken zuwenden, sollten wir uns erst einmal der Frage zuwenden: *Was ist
eigentlich Kreativität?* Denn wer weiß, wie Kreativität funktioniert, kann Kreativitätstechniken erfolgreicher anwenden.

9.1 Kreativität als Prozess

Oft scheint es uns, dass man Kreativität als eine Fähigkeit zu
verstehen hat, völlig Neues scheinbar aus dem Nichts heraus
zu produzieren. In Wirklichkeit hat Kreativität aber mit
Erfahrung zu tun und ist zu einem guten Teil auch erlernbar.
Definieren könnte man sie etwa folgendermaßen:

Kreativität bedeutet einen ökonomischen, kunstfertigen
Prozess der Schaffung geeigneter Lösungsvorschläge unter
Nutzung unterschiedlichster Verfahren, gekoppelt mit einem
leistungsfähigen Bewertungsprozess, der im richtigen
Moment sagt, dass man „zupacken" muss.

Wenn wir nach der Lösung eines Problems suchen, durchlau-
fen wir häufig einen Prozess, der sich in vier Phasen aufteilen

lässt: Vorbereitung, Überlegung, Einsicht/Erleuchtung und Verwirklichung.

Diese Phase reicht von der Entdeckung des Problems bis zum Ansammeln von Fakten.

Phase 1: Vorbereitung

In dieser Phase durchdenken wir das Problem bewusst und absichtlich, gleichzeitig gibt es aber im Gehirn unbewusste Vorgänge, die die Lösung beeinflussen. Dabei werden Informationen aus ihrem ursprünglichen Zusammenhang gelöst und neue Zusammensetzungen vorgenommen. Man kann diese Phase auch dadurch unterstützen, dass man bewusst versucht, Abstand von der Problemstellung zu gewinnen.

Phase 2: Überlegung

Der Weg zur Lösung nimmt jetzt im Bewusstsein Gestalt an. Wir nennen ihn z.b. Gedankenblitz, Einfall, Idee, Eingebung oder Intuition. Wir können diesen Prozess selbst kaum beeinflussen, was man daran sehen kann, dass die „Ideen" oft in einem Moment kommen, in dem wir uns nicht bewusst mit dem Problem befassen.

Phase 3: Einsicht/ Erleuchtung

Nun wird die Idee auf ihre Brauchbarkeit hin präzisiert und bewertet. Dabei ist es oft nicht einfach, das, was man selbst erkannt hat, so aufzubereiten, dass auch andere es verstehen.

Phase 4: Verwirklichung

Wenn man den Denkprozess auf diese Art und Weise betrachtet, wird deutlich, dass insbesondere bei den Punkten

• Problemerkennung (Aufgeschlossenheit für das Erkennen von Schwierigkeiten und Erweitern des Wahrnehmungsumfelds) und
• Entwicklung mehrerer Lösungsansätze

Kreativitätstechniken von Nutzen sein können. Dadurch, dass bei ihnen die Einsichtsphase (als echte schöpferische Phase) von der Verwirklichungsphase (also der kritischen Überprüfung und Ausscheidung) abgetrennt ist, wird ein vorzeitiges, oft zu frühes Bewerten von Lösungsansätzen verhindert.

9.2 Brainstorming

Brainstorming lässt sich charakterisieren als das „*hemmungslose Produzieren von Ideen zu einem klar umrissenen Ziel*". Ist das Ziel nicht klar, wird auch das Brainstorming selbst wenig erfolgreich sein. Das „echte" Brainstorming ist eine Arbeitstechnik für eine Gruppe, aber modifiziert kann es auch sehr nutzvoll sein, wenn man es allein praktiziert.

9.2.1 Brainstorming in der Gruppe

Hier finden sich mehrere Personen zu einem bestimmten Thema zusammen, das aber nicht zu weit gefasst sein sollte, weil sonst ein „Fokussieren" der Ideen nicht mehr möglich ist. Wichtig dabei ist auch, dass in der Gruppe ein kooperatives Klima herrscht. Nur so lassen sich Hemmungen vermeiden, eventuell nicht gleich überzeugende Gedanken zu äußern.

Folgende Grundregeln gelten für Brainstorming-Sitzungen:

Regel 1: *Möglichst viele Ideen produzieren!*
Regel 2: *Jegliche Kritik ist zurückzustellen!*
Regel 3: *Der Phantasie keine Grenzen setzen!*
Regel 4: *Ideen anderer aufgreifen!*

Brainstorming wird normalerweise in drei Abschnitten durchgeführt: Vorbereitung, Durchführung und Auswertung.

Vorbereitung   Eine Brainstorming-Sitzung sollte man nicht spontan einberufen, sondern entsprechend vorbereiten. Das Ziel sollte klar umrissen, der teilnehmende Personenkreis sorgfältig ausgewählt und das Thema rechtzeitig vorher bekanntgegeben sein. So können die Teilnehmer sich (auch im Unterbewusstsein) schon gedanklich darauf einstimmen. Ein Brainstorming sollte mindestens drei und nicht mehr als zwölf Teilnehmer haben. Befruchtend wirkt oft auch die Teilnahme von Personen aus unterschiedlichen Arbeitsgebieten.

Durchführung   Für das Festhalten der Ideen hat sich wahrscheinlich die Kärtchentechnik am besten bewährt. Dabei schreiben die Teilnehmer ihre Ideen individuell auf eigene Kärtchen, die dann vom Moderator auf einer Planungstafel thematisch gruppiert werden. In einer anschließenden, dem besseren Verständnis dienenden Durchsprache können die Ideen besser formuliert werden, unter Umständen entstehen bei dieser Durchsprache auch noch neue Ideen.

Auswertung   Die Auswertung selbst braucht nicht gleich anschließend an die Brainstorming-Sitzung vorgenommen werden. Alle Ideen werden noch einmal genauer zu Themenkomplexen zusammengefaßt, am Thema vorbeigehende Ideen werden ausgesondert. Das vorliegende Ergebnis ist für alle Teilnehmer zu dokumentieren.

9.2.2 Brainstorming für eine Person

In diesem Abschnitt beschreiben wir eine Drei-Schritt-Methode, wie sie ähnlich von Vera F. Birkenbihl veröffentlicht wurde. Wichtig dabei ist: *Sie dürfen nichts zensieren!*
Nur wenn Sie nichts von dem zurückhalten, was Ihnen einfällt, kann sich Ihre Kreativität voll entfalten.

Schritt 1: Sie notieren jeden Ihrer Einfälle auf ein einzelnes Kärtchen – so lange, bis Ihnen nichts mehr einfällt. Es kann sein, dass es nur ein paar Einfälle sind oder auch mehrere Dutzend, das spielt keine Rolle.

Ideen sammeln

Schritt 2: Jetzt geht es darum, dass Sie Aspekte miteinander verbinden, die normalerweise nicht verbunden worden wären, wenn Sie nicht weitergedacht hätten. Deshalb mischen Sie alle Kärtchen kräftig durcheinander.

Reihenfolge verändern

Schritt 3: Nehmen Sie nun je zwei der Kärtchen, blicken auf die beiden und notieren auf einem großen Blatt Papier so spontan wie möglich, was Ihnen zu der Verbindung jeder der Stichwortkombinationen einfällt.

Neu assoziieren

Das funktioniert nicht nur, wenn Sie nach neuen Ideen fahnden, sondern auch z.B. für die Zieldefinition, bei der Suche nach guten Überschriften, nach neuen Bezeichnungen, nach Schlagwörtern, Zielgruppen usw. Und Sie werden sehen: Es macht Spass!

9.3 Utopiespiel

Das Utopiespiel bietet die Möglichkeit, einem Brainstorming, welches in eine Sackgasse geraten ist, wieder genügend kreativen Freiraum zu geben. Außerdem kann es eine hervorragende Quelle neuer, zukunftsweisender Ideen für Autorenteams darstellen. Und, nicht zu vergessen: Sie können die Attraktivität Ihrer Publikation steigern, wenn sie nicht nur den Status quo beschreibt, sondern auch wegweisend für Zukunft ist. Je nach Art der Publikation kann der Zeithorizont Wochen, Monate oder Jahre in der Zukunft liegen.

Verlassen Sie also bewusst die bestehende Realitätsbasis, um mit Hilfe eines unbeschwerten Gedankenspiels in der Zukunft auf neue und noch nie angedachte Ideen zu stossen, die dem normalen Realitätsbewußtsein verschlossen sind, z.B.:

Neue Realitäten durch Utopien

- Wie kommunizieren die Menschen im Jahr 2010?
- Was wäre, wenn es keine Autos mehr gäbe?
- Wie kämen wir ohne Büros zurecht?
- Wie sieht unser Beruf in 20 Jahren aus?

Lassen Sie sich 20 bis 30 Minuten Zeit, um Ihre Utopie zu ersinnen. Sind an dem Utopiespiel mehr als 4 Personen beteiligt, sollten Sie kleinere Gruppen bilden, die anschließend an die kreative Phase ihre Ergebnisse in der großen Runde präsentieren. Nach der Präsentation werden die einzelnen Modelle von den Teilnehmern bewertet. Dabei ergeben sich meist sehr viele unkonventionelle Denkanregungen, die zu einem horizonterweiternden Problemlösungsprozess führen können.

Wenn es die Zahl der Teilnehmer möglich macht, sollte jede Gruppe einen Moderator haben. Und noch ein Tipp: Dokumentieren Sie Ihre Ergebnisse, falls Sie sie nicht gleich nutzen können, z.b. in einem „Kreativitätsordner".

9.4 Inhalte strukturieren

Ein längeres Dokument, z.b. einen Fachartikel, ein ausführliches Angebot, ein längeres Protokoll, eine Dokumentation, ein Buch oder andere ausführliche Texte sollten Sie immer erst ausformulieren, nachdem Sie einen Gliederungsentwurf angefertigt haben, der Ihnen alle wesentlichen Stichpunkte liefert – es sei denn, das Schreiben derartiger Texte ist für Sie ein alltäglicher Akt.

Ein Text kann sehr vielschichtig sein – in Fachbüchern sind z.b. fünf Gliederungsebenen keine Seltenheit – und sollte daher von vornherein optimal strukturiert sein, d.h. so, dass er logisch aufgebaut ist und mit möglichst wenigen Ebenen auskommt. Hierbei sollten Sie sich immer daran orientieren, dass der Leser, auch wenn er Fachmann ist, Texte einfacher erfasst, wenn die inhaltliche Struktur für ihn an jeder Stelle nachvollziehbar ist.

Zudem ist es auch von immenser Bedeutung, an welcher Stelle welche Information präsentiert wird. Wollen Sie z.b. jemanden vom Nutzen eines Produkts überzeugen, dann erklären Sie ihm logischerweise zuerst die Vorteile und sagen ihm dann, was es kostet – sonst interessiert er sich unter Umständen gar nicht mehr für die Vorteile.

Denken Sie also beim Strukturieren immer auch an den Zweck jeder einzelnen Information und an das Ziel, das Sie mit Ihrem Text verfolgen!

Wenn Sie dann das Manuskript verfassen, müssen Sie das nicht unbedingt in der Reihenfolge der Inhaltsstruktur tun. Sie können auch Kapitel, bei deren Inhalten Sie gerade besonders fit sind, vorab verfassen oder zwischenschieben, wenn Sie bei einem anderen Teil gerade ins Stocken kommen.

Aber Vorsicht: *Schieben Sie nicht alle schwierigen Teile auf den Schluss auf, denn dann haben Sie keine Chance, Termine richtig zu planen.*

Die nächsten beiden Abschnitte bieten Ihnen zwei Methoden zum Strukturieren von Inhalten, die „Ideenkarten" und die Clustermethode.

9.4.1 Ideenkarten

Schreiben Sie alle relevanten Inhalte, jedes Thema, jedes Stichwort, jede Idee, jeden Sachverhalt auf eine Karteikarte oder ein kleines Blatt Papier. Wenn Sie damit fertig sind, strukturieren Sie die Ideenkarten: Bilden Sie Gruppen zusammengehörender Karten, stellen Sie Untergruppen her, unter Umständen sogar Untergliederungen dieser Untergruppen, und sortieren Sie schließlich alles in die richtige Reihenfolge.

Sammeln, sortieren

Dabei stellt sich häufig heraus, dass einzelne Stichworte in andere Gruppen besser passen als in die, in welche Sie sie ursprünglich einsortiert haben. Sortieren Sie also dementsprechend um oder machen Sie zwei Karten für das Stichwort und merken Sie sich gleich vor, an welcher der möglichen Stellen im Text Sie später ausführlicher auf das Stichwort eingehen wollen und an welcher Stelle weniger ausführlich. Wenn Sie einzelne Gruppen inhaltlich zusammenfassen können, schreiben Sie Kärtchen mit Überschriften und setzen Sie sie an die dementsprechende Stelle.

Umsortieren, ergänzen

Wenn Ihnen schließlich keine Änderungen oder Ergänzungen mehr einfallen, dann ist die Aufgabe gelöst: Sie haben den fertigen Gliederungsentwurf.

Wenn Sie lange Texte verfassen, bietet es sich auch an, diese Methode in mehreren Stufen einzusetzen. So können Sie, ausgehend von der Grobstruktur, den Text immer feiner gliedern, bis hin zu den Inhalten einzelner Absätze. Wenn Sie

Exposee, Drehbuch

soweit sind, dann haben sie ein vollständiges Exposee, eine Art „Drehbuch" für Ihr Manuskript.

Einfache Strukturen können Sie natürlich auch am PC erfassen und umsortieren, aber wenn es über eine bestimmte Zahl von Stichpunkten hinausgeht, wird es am Bildschirm schnell unübersichtlich. Der fertige Gliederungsentwurf lässt sich wiederum am PC hervorragend bearbeiten.

9.4.2 Clustermethode

Eine verwandte Methode zu den „Ideenkarten" besteht darin, die Stichwörter nach freier Eingebung auf einem möglichst großen Blatt zu notieren (A4 ist meist zu klein).

Sammeln, clustern
Sie schreiben die Stichpunkte in lockerer Anordnung auf das Blatt. Bestimmte Begriffe haben eine übergeordnete Bedeutung, ihnen lassen sich andere Begriffe zuordnen. Zusammengehörendes schreiben Sie näher zusammen als Nicht-Zusammengehörendes und beginnen schließlich damit, Zusammengehörigkeiten durch Umfahren mit Umrisslinien zu betonen. So entstehen Flächen von Stichwortclustern.

Struktur verfeinern
In der nächsten Stufe können Sie das Ergebnis der ersten Stufe weiter ausbauen und die sich ergebende Struktur verbessern und verfeinern. Sie können Verbindungslinien zwischen Dingen ziehen, die eng zusammengehören, und die Enden mit Pfeilspitzen versehen, um Abfolgen herzustellen.

Clustermethode fördert Prozessdenken
Vor allem Menschen mit stark visuellem Gedächtnis kommen mit dieser Methode wahrscheinlich leichter zurecht als mit den Ideenkarten. Sie gibt mehr Raum für Kreativität, fördert das Denken in Prozessen und ist damit natürlich auch geeignet, Arbeitsabläufe zu strukturieren.

9.5 Die 6-Hüte-Methode

Wir wollen an dieser Stelle einen Ausflug machen – weg von den Arbeitstechniken, die zum Sammeln und Strukturieren benötigt werden, hin zu einer Methode, die Ihnen Gelegenheit gibt, mit Kollegen effizient und fair zu diskutieren. Mit dieser Methode können Sie (auch allein) Hintergründe erschließen und positive und negative Aspekte von Ideen, Inhalten und Strategien deutlich herausarbeiten – was natürlich auch für Konzepte und Inhalte von Veröffentlichungen gilt.

126

Die 6-Hüte-Methode hilft, den Stoff von Diskussionen weitgehend von den individuellen Charaktereigenschaften und Verhaltensweisen der beteiligten Personen zu lösen: Traditionelles Rollenverhalten, Drang zur Verteidigung der bezogenen Position, mangelndes Vermögen, andere Standpunkte anzuhören und zu akzeptieren sowie das Unterdrücken von Gefühlen spielen bei der 6-Hüte-Methode nur noch eine untergeordnete Rolle. Und wenn Sie die Methode allein anwenden, werden Sie im Normalfall zu einem neutraleren Ergebnis kommen, als wenn Sie Ihr Thema unstrukturiert angehen.

Die Idee, die hinter der von Edward de Bono entwickelten 6-Hüte-Methode (siehe Literaturverzeichnis) steckt, ist einfach: Nicht mehr unstrukiert drauf los diskutieren, sondern der Reihe nach verschiedene Aspekte des Themas gemeinsam besprechen. Damit man sich's leichter merken kann, werden diesen Aspekten farbige Hüte zugeordnet:

Die 6 Denkhüte

Unter dem weißen Hut sind ausschließlich Informationen, Daten und Fakten gefragt – keine Interpretationen, Meinungen, Vermutungen oder Vorschläge.

Weiß:
neutral, objektiv

Themen: Welche Informationen haben wir? Welche Daten spielen eine Rolle? Wie sicher sind sie? Wie können wir sie erhärten? Welche weiteren Informationen brauchen wir? Wie können wir sie beschaffen? Nennen Sie ruhig auch umstrittene Informationen, aber geben Sie die Quelle an!

Mit dem roten Hut geht es um Gefühle, Intuition, Ahnungen und Ängste, um Eindrücke also, die man nicht rational erklären kann. Keine Begründungen oder Rechtfertigungen!

Rot:
Feuer,
Emotionen

Ist Ihnen mulmig oder sind Sie begeistert? Vertrauen sie den vorgebrachten Argumenten? Sagen Sie in wenigen Worten, was Sie fühlen, wenn es zum Thema gehört! Zum Beispiel: „Trotz allem habe ich ein gutes Gefühl bei der Sache."

Themen des schwarzen Huts sind: Risiken, Gefahren, Bedenken oder Einwände. Was kann schief gehen? Gefragt sind kritische Urteile. Negative Gefühle dagegen gehören zum roten Hut.

Schwarz:
Vorsicht, Kritik

Wo sehen Sie Risiken? Was ist falsch oder unsinnig? Wo gibt es Widersprüche? Warum kann es nicht funktionieren? Gibt es rechtliche Einwände? Spricht die Erfahrung dagegen? Finden Sie nüchtern und sachlich die negativen Seiten heraus!

127

Gelb:
Sonne,
Optimismus

Der gelbe Hut bedeutet: Positives Denken ist angesagt.

Welche Vorteile hat die diskutierte Idee? Welche Chancen bietet sie? Wie läßt sie sich am besten realisieren? Gibt es Synergien? Wo liegen Vorteile, an die noch keiner gedacht hat? Wie können wir die positiven Argumente in die Tat umsetzen, wie Risiken mindern?

Grün:
Natur,
Wachstum

Der grüne Hut verlangt Kreativität: Neue Ideen, zusätzliche Alternativen. Es geht darum, das Thema weiterzuentwickeln und neue Chancen zu eröffnen.

Wie können wir die Idee weiterentwickeln? Könnten wir das Ziel auch anders erreichen? Wie? Was könnten wir anders machen, was besser?

Blau:
Himmel,
Überblick

Und unter dem blauen Hut geht es nicht um die Sache selbst, sondern den Umgang mit ihr, um Vorschläge zum Vorgehen und die Zusammenfassung der Ergebnisse.

Was genau wollen wir erreichen? Gehen wir in der Diskussion zielführend vor? Halten wir uns an die Regeln? Haben wir alle Aspekte beleuchtet? Welcher Hut sollte noch einmal aufgesetzt werden? Fassen Sie zusammen und klären Sie gemeinsam, wie es weitergehen soll.

Warum die
Methode wirkt

Alle tragen zur gleichen Zeit den gleichen Hut. Unter dem schwarzen Hut zum Beispiel ist jeder aufgefordert, über Gefahren und Bedenken zu sprechen. Oder unter dem gelben Hut suchen alle nach Vorteilen – auch die permanenten Kritiker. Jeder Einzelne nimmt so gleichzeitig mit den Anderen verschiedene Rollen an. Wer nichts beitragen kann oder will bleibt still.

Die 6 Hüte bündeln die Kräfte der Gruppe, sie machen es möglich, das beste Ergebnis zu finden, da zur gleichen Zeit alle Teilnehmer in die gleiche Richtung denken. Schritt für Schritt lassen sich die wichtigen Gesichtspunkte abarbeiten, und es ergibt sich ein klareres und vollständigeres Bild, als wenn jeder nur über einen Teil der Sache nachgedacht hätte. Auch die Emotionen haben dabei ihren Platz.

Wie man's
macht

Wollen Sie die Hüte systematisch einsetzen (was Sie fast immer tun sollten, wenn Sie die Methode allein nutzen, denn nur dann sind Sie sicher, keinen wesentlichen Aspekt zu vergessen), dann legen Sie bzw. der Diskussionsleiter eine Abfolge von Hüten fest und diskutieren jeweils für mehrere Minuten einen Aspekt. Folgende Regeln haben sich dabei als sinnvoll erwiesen:

- Am Anfang und Ende ist der blaue Hut sinnvoll. Man kann aber auch mit dem weißen, roten oder gelben Hut beginnen.
- Nach dem schwarzen Hut sollte der grüne folgen, damit Sie Ideen finden, wie die unter dem schwarzen Hut genannten Probleme zu überwinden sind.
- Je nach der Zielsetzung der Diskussion können statt dem blauen auch der grüne, rote oder der schwarze Hut einen guten Abschluss bilden.

Sie können die Hüte aber auch einzeln verwenden, z.b. wenn Sie in einer laufenden Besprechung die bestehenden Denkmuster aufbrechen oder neue Denkweisen anstoßen wollen: „Setzen wir uns doch mal alle für ein paar Minuten den grünen Hut auf!" oder „Unter dem schwarzen Hut sehe ich das so: ..."

Wenn Sie sich näher mit den 6 Denkhüten befassen wollen, können Sie sich in einem der Bücher de Bonos umsehen. Bei Siemens z.b. gibt es auch Trainer, die die Methode schulen können.

9.6 Die persönliche Zeitplanung

Was helfen hervorragendes Fachwissen, höchste Motivation oder exakte Zieldefinition, wenn „die Zeit nicht ausreicht" oder, besser formuliert, „die zu bearbeitenden Aufgaben in der zur Verfügung stehenden Zeit nicht erledigt werden können."

9.6.1 Packen Sie's an!

Liest man etwas über Zeitplanung, so sieht alles oft so einfach und selbstverständlich aus, dass es fast überflüssig erscheint, sich damit zu befassen. Wichtig ist der Entschluss, es zu tun! Als erster Schritt eignet sich wegen der guten Überschaubarkeit am ehesten der Tagesplan. Perfektionismus ist dabei nicht angebracht, aber Konsequenz. Denn hier gilt eindeutig „aus den Augen, aus dem Sinn".

Der erste Schritt

Wenn die Planung nicht so funktioniert, wie es sein sollte, überlegen Sie Alternativen:

Was tun bei Problemen?

- Fragen Sie sich: Muss ich es tun? Muss ich es jetzt tun? Muss ich es so tun?
- Überprüfen Sie die Prioritäten,

- delegieren Sie oder lassen Sie sich zuarbeiten,
- teilen Sie Aufgaben in Teilaufgaben und prüfen Sie, ob nicht vorerst Teilergebnisse ausreichen,
- verschieben Sie „Kann-Aufgaben" und
- rationalisieren Sie die Abwicklung, denken Sie in Prozessen.

Unter Umständen hilft auch flexiblere Arbeitszeit: Nutzen Sie ruhige Stunden im Büro oder arbeiten Sie bei Bedarf mal ein paar Tage abends länger, um nach Erledigung der dringenden Aufgaben wieder mehr Freizeit genießen zu können. Denn das beste Zeitmanagement versagt, wenn Sie vergessen, auch das zu tun, was

- Ihnen Spaß macht,
- Sie (beruflich oder privat) Ihren persönlichen Zielen näherbringt und
- Ihnen einen Ausgleich zur Arbeit verschafft.

Auf das Wichtige konzentrieren

Vergessen Sie nicht, dass es oft die Summe vieler „Kleinigkeiten" ist, die Sie unter Termindruck setzen kann: Zu lange Telefonate mit freundlichen (oder unfreundlichen) Menschen, ineffiziente Besprechungen oder solche, bei denen Sie unter Umständen gar nicht gebraucht werden, oder vielleicht der Smalltalk über die 60er und die Bayern. Aber denken Sie auch daran, dass, wer sich selbst zu stark unter Druck setzt, meist nicht in der Lage ist, seine Fähigkeiten voll zu nutzen. Und beachten Sie, dass ein geraumer Teil der täglichen Arbeitszeit für unerwartete Aktionen reserviert werden muss.

Überschätzen Sie also keinesfalls Ihre Kapazität!

Zeitplanung ist individuell

Zeitplanung ist eine individuelle Angelegenheit. Dieses Kapitel soll Ihnen Ideen und Anregungen geben, wie Sie eine konsequente Zeit- und Aufgabenplanung anpacken können, auf die persönlichen Bedürfnisse anpassen und umsetzen müssen Sie sie selbst. Es gibt eine Unmenge Literatur über Zeitplanung, die Ihnen insbesondere behilflich sein kann, wenn Sie größere Projekte planen.

Aktive Zeitplanung heisst, nicht zu fragen „Was geschieht im Planungszeitraum?", sondern den Ablauf selbst zu gestalten.

9.6.2 Tagesplanung

Resümieren

Es sind nur wenige Minuten, die zu einem geregelten Tagesablauf verhelfen können. Bevor Sie nach Hause gehen, sollten Sie (z.B. durch Abhaken im Tagesplan) festhalten, was Sie an diesem Tag erledigt haben und was liegengeblieben ist. Sie sollten sich dabei auch klarmachen, warum Sie nicht alles erledigen konnten (Zu viele Tätigkeiten, zu großer Zeitaufwand, unerwartete Störungen?).

Nun planen Sie den nächsten Tag (z.b. im Terminkalender oder Zeitplaner), überlegen, an welchen Tagen Sie evtl. unerledigte Aufgaben von heute erledigen können und halten auch diese schriftlich fest. Dabei sind zu berücksichtigen: neue Aufgaben, periodische oder Routineaufgaben, Zeitbedarf. Sind die „Zeitreserven" erschöpft, ist die Zeitschätzung noch einmal zu prüfen, zu überlegen, wer außer Ihnen Aufgaben oder Teilaufgaben übernehmen kann, ob alle Vorbereitungen für den nächsten Tag getroffen bzw. alle Unterlagen vorhanden sind und ob Termine verschoben werden müssen. Ist dann der Zeitbedarf immer noch zu hoch, sind die Prioritäten zu ändern oder die Kapazität zu erhöhen.

Planung fortschreiben

Nutzen Sie für die Terminplanung am besten den Kalender eines Zeitplansystems. Termine und Aufgaben des aktuellen Monats tragen Sie in die Tagesübersicht ein. Dieser Teil des Zeitplaners hat meist eine Seite für jeden Tag oder zwei Seiten für eine Woche.

Kalender benutzen

Was in weiterer Ferne liegt, kommt in das Übersichtskalendarium (meist ein Kalender mit einer Seite je Monat) und wird zu Beginn des jeweiligen Monats in die Tagesübersicht übernommen. Gemeinsame (Abteilungs-)Termine können auch im PC-Netz oder auf einem Infoboard angekündigt werden, aber nehmen Sie sie auf jeden Fall auch in Ihre persönliche Zeitplanung auf.

9.6.3 Langzeitplanung

Wenn Sie an langfristigen Projekten arbeiten, machen Sie sich einen Langzeitplan. Je nach Art Ihrer Aufgabenstruktur sollten Sie den Langzeitplan (im Allgemeinen ist dies ein Jahresplan) weiter untergliedern in Quartals-, Monats-, Wochen- und Tagespläne. Seien Sie dabei ehrlich, versuchen Sie alle Aufgaben zu erfassen und setzen Sie Prioritäten, welche Vorhaben (z.B. auf Grund von Aufträgen) unabdingbar sind, welche von besonderer strategischer Bedeutung und welche persönliche „Wunschvorhaben". Übrigens sind wichtige Aufgaben oft nicht dringend (z.B. ein neues Marketingkonzept), dringende (z.B. das Lesen von Umläufen) hingegen häufig nicht sehr wichtig. Was für Sie nicht so wichtig oder dringend erscheint, kann es aber für Ihre Kollegen sehr wohl sein. Stimmen Sie sich also mit Ihren Partnern ab!

Prioritäten setzen

131

Rückwärts rechnen

Rechnen Sie „rückwärts": „*Wenn ich mit dem Projekt oder einer Teilaufgabe zum vorgegebenen Zeitpunkt fertig sein muss, wann muss ich spätestens damit beginnen?*"

Fest verplante Zeiträume

Feststehende oder absehbare zeitliche Inanspruchnahmen (Sitzungen, Routinearbeiten, Weiterbildung usw.) sind möglichst früh zu berücksichtigen und – auf die entsprechenden Zeiträume verteilt – in die Zeitplanung zu übernehmen. Und wenn Sie in einem Team arbeiten, dann sollten Sie diese Zeiträume gemeinsam für alle abschätzen!

Analyse

Vergleichen Sie regelmäßig den tatsächlichen Ablauf des Planungszeitraums mit Ihrer ursprünglichen Zeitplanung! So kommen Sie zu realistischeren Zeitschätzungen für die Zukunft und können weitere bestehende Planungen modifizieren.

Literaturverzeichnis

Alteneder, Andreas: Der erfolgreiche Fachvortrag. Erlangen: Publicis MCD, 1996.

Birkenbihl, Vera F.: Stroh im Kopf? Oder: Gebrauchsanleitung fürs Gehirn. 9. Auflage. Bremen: Gabal, 1993.

Brockhaus: Enzyklopädie in 24 Bänden. 15. Bd. Moe-Nor. 19. Aufl. Mannheim: Brockhaus 1991.

Burghardt, Manfred: Einführung in Projektmanagement. 2. Aufl. Erlangen: Publicis MCD, 1999.

Burghardt, Manfred: Projektmanagement. 4. Aufl. Erlangen: Publicis MCD, 1997.

de Bono, Edward: Das Sechsfarbendenken – ein neues Trainingsmodell. Düsseldorf: Econ, 1987.

de Bono, Edward: Six Thinking Hats. London: Penguin, 1990.

Büchner, Karin: Seminar „Kreativität in der Buchherstellung". München: Juli 1997.

Delp, Ludwig; Lutz, Peter: Der Verlagsvertrag. 6. Aufl. München: C.H. Beck, 1994.

Der Duden, Bd. 1: Rechtschreibung der deutschen Sprache. 21. Aufl. Mannheim: Bibliographisches Institut, 1996.

Der Duden, Bd. 5: Fremdwörterbuch. 6. Aufl. Mannheim: Bibliographisches Institut, 1997.

Der Duden, Bd. 9: Richtiges und gutes Deutsch. 3. Aufl. Mannheim: Bibliograpisches Institut, 1985.

Die neue deutsche Rechtschreibung. München: Bertelsmann Lexikon, 1996.

DIN 1421. Gliederung und Benummerung in Texten. Januar 1983.

DIN 16511. Korrekturzeichen. Januar 1966.

Ebel, Hans F.; Bliefert, Claus: Schreiben und Publizieren in den Naturwissenschaften. 3. Aufl. Weinheim: VCH, 1993.

Fromm, Karl: Nordemann, Wilhelm: Kommentar zum Urheberrechtsgesetz und Urheberrechtswahrnehmungsgesetz. 8 Aufl. Stuttgart: Kohlhammer, 1994.

Hackl, Heinz: Praxis des Selbstmanagements. 2. Aufl. Erlangen. Publicis MCD, 1998.

Heinold, Ehrhardt: Bücher und Büchermacher. 4. Aufl. Heidelberg: Hüthig, 1993.

Heller, Klaus: Rechtschreibung 2000. Stuttgart: Klett, 1996.

Hoffmann, Walter; Hölscher, Brigitte G.: Erfolgreich beschreiben – Praxis des Technischen Redakteurs. 2. Aufl. Erlangen: Publicis MCD, 1994.

Klug, Sonja: Bücher für Ihr Image. Zürich: Orell Füssl, 1996.

Loewenheim, Ulrich: Urheberrechtliche Grenzen der Verwendung geschützter Dokumente in Datenbanken. Stuttgart: Schäffer-Poeschel, 1994.

Neumann, Rudolf: Zielwirksam schreiben. 4. Aufl. Grafenau/Württemberg: expert, 1994.

Organisationsplanung. München: Siemens, 1992.

Radermacher, Franz Josef: Kreativität – das immer neue Wunder. Forschung & Lehre 10/95.

Schalten, Schützen, Verteilen in Niederspannungsnetzen. 4. Aufl. Erlangen: Publicis MCD, 1997.

Schricker, Gerhard (Hrsg.): Kommentar zum Urheberrecht. 2. Aufl. München: C.H. Beck, 1999.

Seiwert, Lothar J.: Das neue 1x1 des Zeitmanagements. 17. Aufl. Bremen: Gabal, 1995.

Strömer, Tobias: Online-Recht. Heidelberg: dpunkt, 1999.

Wenzel, Karl Egbert: Urheberrecht für die Praxis. 3. Aufl. Stuttgart: Schäffer-Poeschel, 1996.

Winkelmann, Rolf: Softwareentwicklung. 8. Aufl. Erlangen: Publicis MCD, 1996.

Zimmer, Dieter E.: Neue Rechtschreibung. Zusammengestellt und erläutert, kritiziert und vorsichtig repariert. Die Zeit Nr. 24, 10 Juni 1999.

134

Stichwortverzeichnis

Einführung in Projektmanagement

Definition, Planung,
Kontrolle, Abschluß

SIEMENS

Burghardt, Manfred

Einführung in Projektmanagement
Definition, Planung, Kontrolle, Abschluß

2., überarbeitete und erweiterte Auflage, 1999,
306 Seiten, 105 Abbildungen, 30 Tabellen,
17 cm x 25 cm, Softcover
ISBN 3-89578-121-5
DM 69,00 / € 35,28 / sFr 62,00

„Einführung in Projektmanagement" bietet eine praxisorientierte, verständliche und übersichtliche Einführung in die Methoden und Vorgehensweisen des modernen Projektmanagements. Es hilft Projektbeteiligten in der Industrie, im Dienstleistungsbereich und in der Forschung, Projekte richtig zu planen, durchzuführen, zu überwachen und zu steuern und dabei die Parameter Leistung, Einsatzmittel (Geld, Personal, Maschinen usw.) und Zeit optimal aufeinander abzustimmen. Studenten der Ingenieur- und Wirtschaftswissenschaften bietet es eine praxisnahe Einführung in das Thema.

Praxis des Selbstmanagements

Methoden, Techniken
und Hilfsmittel für
systematisches Arbeiten
im Büro und unterwegs

SIEMENS

Hackl, Heinz (Hrsg.)

Praxis des Selbstmanagements
Methoden, Techniken und Hilfsmittel für
systematisches Arbeiten im Büro und unterwegs

2., wesentlich überarbeitete und erweiterte Auflage,
1998, 206 Seiten,
104 Abbildungen, 28 Tabellen, 17,3 cm x 25 cm,
Hardcover
ISBN 3-89578-070-7
DM 78,00 / € 39,88 / sFr 70,00

Das Buch ermöglicht zum einen die sequentielle Information über alle Aspekte des Selbstmanagements: Zielformulierung, Planung, Kommunikation, Ideen-/Entscheidungsfindung und Wahl der richtigen Hilfsmittel. Es bietet aber auch die Möglichkeit einer Schnellanalyse: Wo funktioniert mein Selbstmanagement und wo bestehen Mängel? Wie kann ich sie beseitigen? Und schließlich zeigt es Ihnen, wie Sie den PC an Ihrem vernetzten Arbeitsplatz so nutzen können, dass Sie für die Erfordernisse der Zukunft gerüstet sind.

Börnecke, Dirk

Handbuch Telearbeit

Leitfaden für Mitarbeiter, Führungskräfte und
Personalfachkräfte
Mit Checklisten und Mustervereinbarungen

1998, 205 Seiten, 4 Tabellen,
14 cm x 22,5 cm, Softcover
ISBN 3-89578-091-X
DM 49,00 / € 25,05 / sFr 45,00

Das Handbuch Telearbeit informiert umfassend über alle Formen der Telearbeit, gibt Hinweise für die Gestaltung von Arbeitsplätzen und die notwendige technische Ausstattung im Büro und zu Hause und erläutert die rechtlichen und die sozialen Aspekte. Die Checklisten und Mustervereinbarungen dienen Mitarbeitern, Führungskräften und Personalfachkäften zur Entscheidungsfindung, ob und wie Telearbeit in ihrer Situation bzw. ihrem Betrieb möglich und umsetzbar ist.

Alteneder, Andreas

Der erfolgreiche Fachvortrag

Didaktik
Visualisierung
Rhetorik

1996, 99 Seiten, 60 Abbildungen,
6 Tabellen, 11,5 cm x 18 cm, Softcover
ISBN 3-89578-028-6
DM 29,00 / € 14,83 / sFr 26,00

„Der erfolgreiche Fachvortrag" zeigt Ihnen, wie Sie einen Vortrag vorbereiten und gliedern, wie Sie Text und Grafiken aufbereiten und welche klassischen und modernen Medien Sie dafür einsetzen können. Außerdem gibt das Buch wertvolle Tipps zur Vortragstechnik und zur Diskussion. Ein Buch für alle, die lernen möchten, wie man gekonnt Fachvorträge hält, oder ihren Vortragsstil verbessern wollen!